Otto Ludwig

Gesammelte Werke

Zweiter Band

Otto Ludwig

Gesammelte Werke
Zweiter Band

ISBN/EAN: 9783744632751

Hergestellt in Europa, USA, Kanada, Australien, Japan

Cover: Foto ©Thomas Meinert / pixelio.de

Weitere Bücher finden Sie auf **www.hansebooks.com**

Otto Ludwig's
gesammelte Werke.

Mit einer Einleitung von Gustav Freytag.

Berlin, 1870.
Druck und Verlag von Otto Janke.

Die Makkabäer.

Trauerspiel in fünf Akten.

Otto Ludwig's Werke. II.

Personen.

Antiochus Eupator, Antiochus Epiphanes' Sohn, König von Syrien.
Gorgias,
Nikanor, } syrische Feldherren.
Mattathias, ein jüdischer Priester zu Modin.
Lea, sein Weib.
Simon,
Judah,
Jonathan,
Eleazar, } Beider Söhne.
Johannes,
Joarim,
Benjamin,
Naemi, Judah's Weib, Boas' Tochter.
Jojakim, Sohn eines jüngern Bruders Mattathias.
Simei, ein jüdischer Priester zu Modin.
Amri, sein Sohn.
Boas, Simei's Bruder, Judah's Schwiegervater.
Aaron, Sohn eines andern Bruders Simei's.
Issaschar, ein Aeltester von Modin.
Usiel, ein jüdischer Hauptmann.
Nathan, ein jüdischer Krieger.
Josuah,
Eliah,
Misael, } Bürger von Modin.
Ruben,
Aemilius Barbus, römischer Gesandter an Judah.
Ein jerusalemitisches Weib.
Ein Greis, ihr Vater.
Ein syrischer Hauptmann.
      Syrische, jüdische Hauptleute und Krieger. Gefolge des Barbus.
Volk von Modin und Jerusalem. Mägde Lea's. Bekränzte Kinder,
Frauen und Greise. Jungfrauen mit Flöten und Zymbeln.

    Die Scene vor den Thoren von Modin, einmal im dritten Akt
ein Hügel bei Ammaus, im vierten bei Rahel's Grab und in Jerusalem, im fünften im Lager des Antiochus vor Jerusalem.
    Die Zeit zwischen den Jahren 167 und 161 vor der christlichen
Zeitrechnung.

Erster Akt.

Vor den Thoren der Bergstadt Modin im Gebirge Judah.

Rechts vom Schauspieler die Häuser der Familie Simei, links die des Hauses Mattathias; rechts führt ein Felsenweg aus dem Thale herauf, das den Berg, auf dem Modin liegt, umgiebt; die daher Kommenden werden erst mit den Häuptern, dann allmälig ganz sichtbar; links vorn mündet eine Felsenschlucht aus. Hinten ein Thor der Stadt Modin; über der Stadtmauer, die meist aus natür- lichen Felsen besteht, die Häuser der Stadt, und über diesen fern und ferner die zackigen Hörner des Gebirges Judah; der Horizont hoch angenommen. Palmen und Terebinthen den Thalweg herauf und sonst verstreut. Links vorn ein steinerner Tisch und Rasenbänke.

Lea, den Thalweg herunterschend. **Joarim,** tränzewindend auf einer Rasenbank. **Benjamin,** zuhörend vor ihm. Hinten tränzewindende Mägde.

Joarim (indem er lebhaft erzählend auf die Bank tritt und in das Thal hinunterzeigt.)
Da — diesseits in dem Thal der Terebinthen
Lag Saul, dort Goliath mit seinem Heer.
Dort aus dem Bach nahm David sich den Kiesel —
Ist's nicht so, Mutter?

Lea.

Bei der Eiche dort

Traf er auf Goliath.

Joarim.

Und schlug ihn nieder.

Und Saul und unsers Volkes Krieger jagten

Die Brüder Goliaths durch's ganze Thal

Bis an das Thor von Ekron und von Gaza.

Benjamin.

Von Salomo erzähl' mir, Joarim.

Joarim.

Da Saul gestorben war, ward David König,

Und nach ihm Salomo, sein Sohn. Da war

Israel groß — nicht, Mutter?

Benjamin.

Da war's groß?

(er läuft zu Lea).

Was heißt das, Mutter? Sag' mir: wer ist groß?

Lea.

Der, den man fürchtet, auch wenn er nicht droht.

Benjamin.

Und so war Salomo?

Lea.

Er war's; es knie'ten

Fünf Heidenkönige um seinen Stuhl,

Froh, ihm zu dienen.

Joarim.

Schiffe ließ er bau'n —

Lea

(im wachsenden Eifer vergißt sie auszuschauen und nähert sich mit Benjamin dem
Joarim. Beide Kinder ganz Ohr.)

Und seine Segel trugen seinen Ruhm

Das Meer entlang, so weit als Menschen wohnen.

Bis an Aegypten dehnte sich sein Reich,

Von Typhsa bis gen Gaza zahlten ihm

Die Könige Tribut. Die Tochter Pharao

Erkannt' es für ein Glück, sein Weib zu sein,
Und bracht' ihm Gasa zu in Kanaan.
Er saß auf elf'nem Stuhl mit Gold bedeckt,
Und pur von Gold war all sein Trinkgefäß.

Benjamin (ausbrechend.)

O, daß ich groß wär'!

Lea (lächelnd),
Du?

Benjamin.

Damit, wenn Du
Von mir erzähltest, Deine Augen glänzten,
Wie wenn Du uns von Salomo erzählst,
Und Du nicht weintest mehr, daß Israel
Zerfiel und schwach ward und des Fremden Knecht,
Und nun der Syrer sitzt auf Davids Stuhl.

Joarim.

Ich weine nicht. Was würde Judah sagen!
Ein Mann und weinen?! Pfui!

Lea.

Bist Du ein Mann?

Joarim.

Nein; werden will ich's, daß Du nicht mehr traurig
Mußt sagen: Israel hat keinen Mann!

Lea (ihn liebkosend.)

Das willst Du? Du?

Benjamin (von der andern Seite sich beischmiegend.)

Ich auch; doch Du mußt froh sein.

Lea.

O, hielte stets der Mann dem Kinde Wort,
Wer dürft' es mehr als ich? Doch so ist's nicht.

Joarim.

Warum auch weinen? Kommt nicht einst der Retter,
Der Isral befrei'n wird und erhöh'n?
Zum großen Volk uns wieder machen, hoch
Auf Zion herrschend, wie's einst David that?

Das hat der Herr verheißen, unser Gott,
Da er noch zu den Menschen redete.
Drum laß den Gram und sei uns fröhlich, Mutter,
Will er aus Judah's Stamm ihn doch erwecken,
Aus David's Haus, und bist doch Du auch, Mutter,
Aus Judah's Stamm und von des David Haus!

Eleazar (kommt den Thalweg herauf).

Benjamin.

Sieh, hier kommt Eleazar.

Lea (Eleazar entgegen).

Ist die Schafschur
Beendet schon? Kommt Euer Vater?

Eleazar (er ist haftig und aufgeregt).

Mutter,
Hilf mir von hier!

Lea.

Was ist Dir? Bist Du nicht
Vom Vater mir gesandt? Was solltest Du? —
Daß er nicht zürne. Ihr da,
(sie küßt die Kinder) zu den Mägdben;
Helft Kränze winden zu des Vaters Fest. (sie gehorchen).
Nun, Eleazar? (sie führt ihn vor).

Eleazar.

Vor dem Hause will
Er essen und schon sind sie auf den Weg'.

Lea.

Wen bringt er mit zu Gaste?

Eleazar.

Judah's Schwäher,
Den Boas, dessen Bruder Simei
Und Amri —

Lea.

Freunde, Mattathias würdig?
So weiß' er im Gesetz, im Leben ist
Er's nicht. Ein Kind durchschaute diese Heuchler,

Doch ihn macht seine eig'ne Treue blind.
Ist Judah bei der Schafschur?

Eleazar.

Wußt' ich nicht,
Nach Judah würd'st Du fragen? Wär ich Judah,
Nach Eleazar hätt'st Du nicht gefragt.

Lea.

Was ist Dir? Bist Du krank?

Eleazar.

An Judah krank' ich.
Nur eben erst da an dem Felsensteig:
„Wer ist der schlanke Knab' mit Feueraug'
Und stolzem Wesen?" „„Von des Judah Brüdern
Ist's einer."" „Judah? Kennst Du den?" „„Ich sollte
Nicht kennen, der die einz'ge Hoffnung ist
Des Volks?"" „Ja, einen Mann laß' uns erschaffen,
So sprach der Herr und Judah ward. Er, der,
Nun Lamm, nun Löwe ist, und wieder Lamm,
So wie der Augenblick ihn heischt; so stolz
Im Denken, stark im Thun und schlicht von Wort.
Ist er der Mann nicht, Israel zu retten,
So ist es keiner!" So wetteifert Zung'
Mit Zung', ihn lobend; Eleazar ist,
Der Gegenwärtige, vergessen, jeder
Lebt im Abwesenden. Und sollt' er nicht?
Judah nur ist etwas und Eleazar
Ein Namenloser, einer, der nichts wäre,
Wär' er des Allgenannten Bruder nicht.
Laß mich von hier!

Lea.

Wohin?

Eleazar.

Gleichviel; nur wo
Ich nicht mehr Judah's Bruder heißen muß.

Lea.

Wollt Ihr mich Beide lassen, böse Knaben?

Eleazar.

Mich wirst Du nicht vermissen, bleibt nur er.

Lea.

Judah? Verließ er nicht die Mutter schon,
Wie er sich an die Simeitin hing,
Die nied're Magd, des niedern Hauses Tochter,
Vom jüngsten Sohn des jüngsten Aarons?
Das unter'm Heuchelschleier Abfall birgt?
Der Herr will Mattathias' Haus erhöh'n
Und durch des Mattathias Haus sein Volk;
Den König wählt er sich, den Helden wählt er,
Der jenen krönen soll, aus diesem Haus
Und —

Eleazar.

     Was sprichst Du? Wer ist es, den der Herr
Zum König sich erwählt? Ist's Judah?

Lea.

                       Nein.

Ihn zog ich auf zu seines Volkes Helden,
Zum Retter aus des Fremden Drängerhand —

Eleazar.

Ein König — sagtest Du — aus unserm Haus?

Lea.

Der Gram verrieth, was Hoffnung heimlich hegte.

Eleazar.

Wer ist er? wer der König, den Du meinst?

Lea.

Du bist er.

Eleazar.

     Ich? — Doch woher sprichst Du das?

Lea.

Frag' nicht; laß' Dir genug sein, daß ich's sprach.

Eleazar (finnend).

Ja. — Du haſt mir, da ich ein Kind noch war,
Schon einmal ſo geſprochen. Um den Stolz
Gegen die Brüder hatte Mattathias
Mich ſtreng' beſtraft; ich ſaß und weinte; da
Trat'ſt Du zu mir; nur Einen Augenblick,
Damit der Vater es nicht merkte; ſtreichelteſt
Die naſſe Wange mir — als ſprächſt Du's jetzt,
Hör' ich Dein Wort: Vergiß Dein Weinen, Kind;
Die Zeit wird kommen, wo Du ſtolz ſein darfſt.

Lea.

Das merkteſt Du?

Eleazar.

Lehr' mich mich ſelbſt vergeſſen!
Eh' lernt' ich alle Weisheit dieſer Welt,
Eh' daß ich dieſes einz'ge Wort vergäße!

Lea.

Soll ich's ihm ſagen? Quillt aus ſeinem Eifer
Doch Troſt, er wird nicht ſein, wie Judah iſt!
Weil Mattathias mir's verbot? Der Weisheit
Soll man gehorchen, nicht dem Mund. So höre —
Doch Deinen Mund verſieg'le kluges Schweigen:
Vor zwanzig Jahren, da, als ich mit dir
Geſegnet, las ich einſt im Jeſaias,
Wie ich gewohnt war ſchon von Kindheit auf,
Da, wo er von des Retters Zukunft ſpricht,
Der wieder David's Stuhl erhöhen ſoll;
Da faßte mich der ganze Schmerz des Falls
Des Hauſes David, meines Väterhauſes,
Und ſeiner Knechtſchaft unter fremdem Arm,
Der ganze Schmerz um meiner Söhne Schmach,
Da zu gehorchen, wo ſie herrſchen ſollten,
Um Dich, die Knoſpe, die, noch nicht geöffnet,
Im Mutterſchooße ſchon die Ketten trug.
Und Aſche ſtreut' ich auf mein Haupt und ſchloß

Mich einsam in's Gemach und fastete
Und hielt den Schlummer fern drei Nächte lang.
So lang' schrie ich zum Herrn um seine Hülfe:
Herr, mich laß weinend in die Grube fahren,
Doch meine Kinder laß den Retter seh'n
Dein Volk erhöhen vor der Erde Völkern
Und ihren Stuhl erhöhen vor dem Volk,
Wie's Fürstenkindern ziemt. Ja — weiter ging ich —
Herr, schrie ich endlich, wecke deinen Retter
Aus meinem Samen! — Da, wie ich so schrie —

Eleazar.

Wie Du so schrie'st, da — was geschah da?

Lea.

Da

Fiel Müdigkeit vom Herrn auf mein Gebein
Und — das Gesicht des Herrn kam über mich.

Eleazar.

Des Herrn Gesicht? — Doch wie —

Lea.

Es brannten rings

Die Wände, wie um Moseh einst der Busch,
Und oben — wich die Decke weit und weiter
Und dehnte sich und wie ein Saphir war's.
Und durch den unermeßlich weiten Raum
Ging erst ein Donner,
Dann eine Stimme, säuselnd wie die Luft,
Wenn sie bei Nacht in Palmenwipfeln säuselt,
Und rieselnd, wie ein Quell in Wüsten rieselt,
Und sprach, doch ich verstand nicht, was sie sprach,
Und doch wußt' ich, sie sprach: erheb' dein Auge.

Eleazar.

Und Du erhobst Dein Aug' und sahst — was sahst
Du da?

Lea.

Aaron's Hut sah ich sich langsam

Hernieberlassen. Ueber meinem Schoos
Hielt er im Schweben wie ein Abler, der
Mit ausgespannten Flügeln auf der Luft
Zu ruhen scheint — so lang', als sprachlos ich
Und wie gelähmt zurückgesunken lag —
Und um
Den Hut lief wie ein Kranz die Krone David.

Eleazar.

Die Krone David? Um Aarons Hut
Lief wie ein Kranz die Krone David? um
Den Hohenpriesterhut —

Lea.
Die Königskrone.

Eleazar.

Und schwebte über Deinem Schoos und Du,
Mit mir warst Du gesegnet, nicht mit Judah?

Lea.

Mit Dir.

Eleazar.
Doch dann! doch dann!

Lea.

War es verschwunden
So plötzlich, wie ein Wolkenschatten schwindet,
Und ich sank auf die Knie' —

Eleazar.
Das war's, was mit

Gesang zu Nacht im Thal der Terebinthen
Einst vor mir herzog wie Prophetenruf!

Lea.

Schon naht Dein Vater uns —

Eleazar.
Ja, Alles eint

Sich, um zu rufen: ein Gesicht war's und
Kein Traum! Den nächsten Anspruch hat zur Würde
Des Hohenpriesters nach dem Haus Onias',

Der jetzt den Hut auf seinem Haupte trägt,
Des Mattathias, meines Vaters Haus —
Doch — welche Welt von Hindernissen legt
Sich in Onias' Söhnen, seinen Enkeln
Dem raschen Glauben in den Weg!

Lea.

Du glaubst
An Hindernisse? Hindernisse findet
Nur der, der an sie glaubt.

Eleazar.
Was heißt das?

Lea.

Nichts.
Wenn Du mich nicht verstehst, so sprach ich nicht
Zu Dir. Komm'.

Eleazar (kämpfend.)
Nur besonnen laß uns bleiben!

Lea.

O freilich! Fasten und durchwachte Nächte
Und Jesaias' flammend Wort — ist's denn
Ein Wunder dann, zu seh'n, was nirgend ist
Und dem Besonnenheit den Glauben weigert?
O so besonnen sein, das kostet wenig
Besinnen! Doch schon kommt Dein Vater. Birg',
Was Dich bewegt. Wir reden mehr davon.

Judah (kommt, einen todten Löwen über der Schulter.)
Lea.

Du, Judah?

Judah.
Friede sei mit meiner Herrin.

Lea.

Zu Deines Vaters Fest kommst Du allein?

Judah.

Hier bring' ich einen Gast, der ungebeten

Oft einsprach; (er wirft ihn in die Oeffnung der Felsschlucht.)
   's ist ein sonderbarer Kauz;
Dasmal mußt' ich ihn nöth'gen.

     Lea.

     Wußt' er nur
In Demuth seine Tücke zu verhüllen,
Dann —

    Judah.

   Dann war er kein Löwe. Ganz gewiß.
Kommt dort nicht Mattathias?

     Lea.

     Warum kommst Du
Allein?

    Judah.

   Du siehst, ich komme nicht vom Haus;
Und käm' ich auch vom Haus, ich sparte Dir
Verhaßten Anblick, ihr Demüthigung.

     Lea.

Doch Deinem Haus erspart'st Du diese nicht,
Wie —

    Judah.

   Laß das abgethan sein, bitt' ich, Herrin.

     Lea.

Wie Judahs Liebe zu der Mutter ist,
Ja abgethan, wie Judahs großes Streben,
Ja abgethan, wie all der Größe Saat,
Mit Thränen in die Seele Dir geströmt,
Vor einer Demuthslarve falschem Lächeln!
O Judah harrst Du so des Herren Ruf?
Der Stunde so, mein irrgelocktes Kind,
Die Mattathias' Haus erhöhen soll,
Daß Du, Du selbst, der es erhöh'n soll, es
Erniedrigst? Komm' zurück zum Herrn, zur Mutter,

Trenn' diesen Ehbund, wirf die Heuchlerin
Zurück in ihres Looses Niedrigkeit!

Judah.

Kein Loos ist niedrig, das die Seele adelt.
Und wahrlich, Mutter, nicht hinab, hinauf
Seh'n muß ein solch gewöhnlich Menschenaug'
An ihr als Deines Judah ist. So hoch
Erhebt sie ihrer Demuth Niedrigkeit,
Als nicht des Stolzes kühnstes Wagen schwindelt,
So rein — doch wozu zwingst Du mich? Ich lobe,
Was mein ist. Gut, daß mich kein Fremder hörte,
Sonst säh' er mich erröthen.

Lea (wollte antworten; da sie die Kommenden hört, schweigt sie.)

Simei, Mattathias von **Johannes** geführt, **Boas, Amri, Simeon, Jonathan** kommen den Thalweg herauf. **Judah** begrüßt die Kommenden.

Simei (indem er sichtbar wird.)
Was beklagst Du,
Was Deine Schuld nicht ist?

Judah (für sich.)
Schon wieder jammernd!

Mattathias (wird sichtbar.)
Die Schuld der Väter ist der Kinder Schuld.

Boas (eben so.)
Allein Ergebung hilft sie leichter tragen.

Amri.
Hat Dich Dein Gott mit voller Hand gesegnet,
Daß über fremdes Leid Du klagen sollst?

Mattathias.
Ist mir mein Bruder fremd? mein Volk ein Fremder?

Simei.
Wahr ist's, es könnte besser sein, wie's ist.

Judah (für sich.)
Könnt's wirklich?

Simei.

Doch zu unsrer Väter Zeit
War's noch weit schlimmer. Sind wir nicht im Lande
Von Jakobs Erbtheil mind'stens? Haben wir
Nicht unsern Hohenpriester noch?

Judah (wie vorhin.)

So lang' er

Des Syriers Schatten ist.

Simei.

Und unsern Gott?

Judah (wie vorhin.)

So lang' der Syrier ihn wohnen läßt
Bei sich zur Miethe.

Simei.

Sind wir so zu sagen
Nicht noch ein Volk für uns? Antiochus,
Der Aeltere ist ein Tyrann, doch hält ihm
Der Herr die Hand gebunden wider uns.
Sein Sohn Antiochus, der Jüngere,
Der in Jerusalem jetzt sitzt, ist uns
Gewogen.

Judah.

Ja, er sucht uns abzuschmeicheln,
Was uns sein Vater noch nicht abgetrotzt.
Herr, wenn aus andern Gründen auch, doch rath' ich
Wie Simei, laß' Deinen Kummer fahren.
Weintest Du mit dem Weinenden — nun das
Begriff' ich, doch Du weinst um den, der lacht,
Du weinst im Haus, das eine Hochzeit feiert.
Du siehst im Geiste, Herr, ein ander Volk.
Dies Volk sitzt nicht mehr unter Thränenweiden
Und Jeremias' Harfe, Herr, hat längst
Schon keine Saiten mehr. Dies Volk ist nicht mehr
Dem Volke Jesaias' gleich; so abgegriffen
Ist von den vielen Händen das Gepräg',

Durch die es ging. Du ſeufzeſt nach dem Retter,
Der Altes wiederbringen ſoll? Die Zeit
Geht vorwärts; todt iſt das Vergangene,
Und Volk und Kinder greifen nach dem Neuen.
Herr, ziehſt hinauf Du nach Jeruſalem —
Daß Dir's nicht geht wie mir! Ich ſtand verdutzt.
Rings griechiſche Gewänder! — iſt's auch noch
Die alte Davidsſtadt? — und Alt und Jung
Wie auf verdrehten Knie'n! — Wie gottgeſandt
Kam mir da Joel, unſer alter Gaſtfreund,
Entgegen. Joel! rief ich; vor dem Ruf
Erſchrak der Mann und wich vor mir; ich nach,
Und erſt in einem kleinen Gäßchen, nah'
Am Schafthor, blieb er ganz verlegen ſteh'n.
„Ich bitte Dich: nenn' mich nicht Joel mehr,
Denn Menelaus heiß' ich jetzt, ſo, wie
Onias' jüngſter Bruder. Freund, man merkt,
Daß Du vom Lande kommſt; ich bitte Dich:
Sprich griechiſch oder laſſ' mich geh'n. Nennſt du
Verdrehtes Bein das angezog'ne Knie,
Mit dem die Griechen ihre Götter bilden,
Das ſo weit ſchöner iſt, als unſer jüdiſch
Gemeines Steh'n auf ſtraffem Bein? Ja, Freund,
Solch' alter Vorurtheile wie dies Steh'n
Auf ſtraffen Beinen ſind wir voll; das kommt
Von unſerm Eigenſinn, mit dem wir uns
Dem Strom der griech'ſchen Bildung abgeſchloſſen,
D'raus alles abgeſtorb'ne Völkerthum
Des Morgens neues Leben trinken muß.
Doch Jaſon wird uns retten!“ Jaſon? Was
Soll uns der Grieche? fragt' ich. „Nun beim Zeus!
Entgegnet' er, Modin liegt aus der Welt.
Onias' Bruder iſt's, des Hohenprieſters —
In der geſtreckten Kniezeit hieß er Jakob —
Er iſt's, der uns die Fechterſchulen baut,

Der uns zu Menschen machen wird, so bald
Er an Onias' Stelle sitzt. Schon hat er
Antiochus vierhundert Zentner Silbers
Geboten, daß er ihn nicht hindern soll,
Wenn er sich mit Onias' Krone krönt.
Und schon —

Mattathias.

Halt ein! Der Mund müsse verstummen,
Der lachend so ein frommes Ohr zersticht,
Den Pfeil des Unglücks noch mit Hohn vergiftet! —
Der Unglücksel'ge wirft den frommen Namen,
Mit dem sein Vater ihn genannt, von sich!

Boas.

Die Sprache, die der Herr geheiligt, da er
Vom Sinai zu seinem Volk sie sprach!

Mattathias.

Aaron's Priesterhut macht er zur Waare:

Judah.

Die man beim Syrierkönig kauft —

Mattathias.

Er lockt

Das Volk mit griech'schem Greu'l vom Herren fort!

Boas.

Wie gehst mit Deinem Volk Du zu Gericht!

Simei.

Ich sag' Euch: Thorheit ist's, 's ist Lüge von
Dem — Menelaus oder wie er sonst heißt.
Vierhundert Zentner Silber! wie käm' Jason
Dazu?

Judah.

Der Tempelschatz ist reich, mein Ohm,
Und Schlüssel giebt's wohl zu dem Heiligsten.

Mattathias.

Vom Schatz des Herrn! Der Wais' und Wittwen Armuth?
Entsetzlich! mehr, als eine Zunge kann

Ausjprechen, mehr als hören kann ein Ohr
Doch Fromme giebt's noch in Jerusalem,
Gewiß noch Männer in der Davidsstadt,
Die eng' um das Gesetz des Herrn sich schaaren;
Sie werden Schulter sich an Schulter stemmen —

Judah.

Herr, sie verfluchen sich einer den andern,
Der so abscheulich thut, daß im Gesetz
Er Einen Buchstab anders liest als er.
Die Einen nennen sich die Heiligen,
Die Andern die Gerechten. Beide macht
Die Wuth des Hasses blind für's Allgemeine.
Der Laue höhnt, der Syrier lächelt — Herr
Sieh' hin, das ist das Volk, um das Du klagst.

Mattathias.

Herr, sende Deinem Volk bald einen Retter!

Judah.

Herr, sende Deinem Retter bald ein Volk!

Mattathias.

Zweifaches Weh häufst Du auf Deinen Knecht.
Sein Volk hat sich von Dir gewandt und der
Die Blüthe seiner Hoffnung war, ist nun
Ein Höhner, der des eig'nen Volkes Schmach
Herzlos verspottet, wie der Spötter Ham
An Noah einst, dem eig'nen Vater that!

Judah.

Und soll ich ächzen? Meiner Väter Gott!
Gäb's keinen andern Weg zu Deiner Gnade
Als nur durch's Aechzen — außen müßt' ich bleiben;
So wenig ist von einem Junikätzchen
Im Judah.

Simei
(zu Mattathias, der sich von Judah ab nach hinten wendet).

Er ist scharf wie Bergesluft.
's ist Jugend, von sich selber überfüllt,

Und Kraft, die mit sich selbst nicht weiß, wohin?
Laß ihn nur, Alter; oft hab' ich's erlebt:
Die wildsten Knaben wurden mit der Zeit
Die zahmsten Männer.

Lea.

     Herr, irr' nicht zu früh
Im eig'nen Kind. Haßt er das Volk, so haßt er's
Aus Liebe. Diesen Haß und diese Liebe
Laß für ihn bürgen. — Nur des Diamants
Harrt dieser Stahl, der würdig ist, den Funken
Zu wecken, der in seiner Kühle schläft.
Den großen Mann in ihm zu wecken, braucht's nur
Den großen Augenblick. — Boas und Simei
Und Amri, Mattathias lud Euch ein,
So wünscht er, daß ich Euch willkommen heiße.
Und nun, Herr, wirf die Sorgen weg. Schön sitzt
Sich's unter dieser Palme Schatten heut';
Ein Lüftchen, kühl vom Schnee des Libanon,
Erfrischt die Sinne. Was von Sorge noch
Und Last des Tags Dich drückt, — sieh' hin: dort nah'n
Bekränzte Dirnen, mit dem Saitenspiel
Und leichten Tanz es Dir hinweg zu scherzen.

(sie gehn nach hinten; Mägde ihnen mit Kränzen tanzend entgegen.)

Simei (zu Amri).

Sie heißt willkommen uns, weil er es wünscht.
Gleichviel! ihr Mahl ist besser als ihr Gruß. (beide folgen.)

Jojakim (wird den Thalweg herauf kommend sichtbar).

Jojakim.

Weh' über Israel!

Mattathias.
Was für ein Ruf?

Jojakim (bleibt wie entsetzt stehn, wie er das Bekränzen sieht).

Ist das des Mattathias Haus?

Mattathias.

So fragt

Des Mattathias Brudersfohn?

Jojakim.

Der Zorn

Des Herrn auf Ifrael, und Mattathias
Hält Fefte? Ifrael in Sack und Afche,
Und Mattathias kränzt fein Haupt? Dort Stöhnen,
Hier Saitenfpiel?

Mattathias.

Eh' Du uns zürnft um etwas,
Das wir nicht wiffen, meld' es uns. Ift's von
Onias?

Simei.

Wie? er wär' entfetzt?

Jojakim.

Entfetzt,
Meinft Du, und ftehft fchon bleich? was willft Du thun,
Vernimmft Du, was ihm wirklich ift gefchehn?
Fort mit den Kränzen! Staub auf Euer Haupt!
Todt ift Onias!

Mattathias (wie Alle erfchrocken).

Todt?

Simei.

Todt?

Lea.

Todt, fagft Du?
Hörteft Du's, Eleazar?

Eleazar.

Staunend —

Lea.

Schweig';
Ruf' all' Dein Leben jetzt in's Ohr.

Jojakim.

Ich fagt' es —

Gemordet — Herr der Rache, weck' den Rächer
Für Deinen Knecht und Deines Knechtes Haus!

Mattathias.

Sein Haus?

Boas.
Was lauert mehr noch?

Eleazar.
Auch sein Haus?

Lea.

Ich athme kaum —

Jojakim.
Des Greisen spärlich Blut
Genügte seinen Mördern nicht; sie wollten sich
In Blut berauschen. Alle sieben Söhne
Onias' — ja, als lebte noch der Greis
In jedem seiner Enkel fort — das Blut
Des ganzen Hauses schreit zum Rächer auf.

Lea (zu Eleazar).

Zweifelst Du noch?

Eleazar.
Woran? an meiner Seele?
Den Königsreif fühl' ich schon um die Stirn.

Lea.

Vor Dir send' ich, der Dir den Weg bereitet.

Mattathias (der wie die Uebrigen überwältigt gestanden).

Onias todt? Weint, Töchter Israels!

Boas.

Er war ein Quell im Thale Israel —

Jojakim.

Und Menelaus zieht herauf.

Lea.
Auch der?

Er will Onias rächen?

Jojakim.
Nein; er will
Von Jasons Haupt, er, den der Herr verfluche,

Die Kron' entreißen des Verfluchten Haupt,
Sich selbst damit zu krönen.

Simei.

So bestiehlt

Der Dieb den Dieb.

Lea (zu Eleazar).

Und treibt uns selbst zur Eil',

Ihm zu begegnen.

Simei (sie haben sich mit den Augen verständigt).

Amri, komm'; wir geh'n.

Lea.

Da mit Verwirrung so die Zeit uns droht,
Die Stadt Modin verlangt von Euch ein Beispiel —
Beschließt dr'um, Männer, wie Ihr handeln wollt.

Simei (für sich).

Soll ich die Stufe sein für fremden Fuß? —
Nun so beschließ' ich, daß es wenig taugt,
Sich selber das Gesind' zu überlassen. (zu Boas.)
Komm', denn Du fehlst so gut als ich daheim.
(Simei geht mit Amri.)

Mattathias.

Ihr geht? Nun Rath und Hülfe nöthig, lassen
Die Freunde mich? Boas, auch Du?

Boas.

Was ist

Boas, daß er ein Beispiel geben sollte?
Der Mann der Demuth? Welch' ein Beispiel kann
Modin von Boas fordern, als Ergebung
In Demuth? Sei der Herr mit Dir, mein Bruder!
(Umarmt Mattathias und geht.)

Lea.

Laß sie; denn der Verlust ist ein Gewinn.
Ließen uns Alle, die den falschen Sinn
In Demuth hüllen. Alles laß'! Denk' jetzt
Nur an den Anspruch, an der Söhne Recht.

Mattathias.

Bist Du berauscht? So wie dem Trunk'nen glüht
Die Wange Dir.

Lea.

Von Mutterseligkeit
Denn wär' ich trunken; doch ich bin es nicht.
Die Muttersorge heißt mich mich besinnen,
Denn nur Besonnenheit führt zu dem Ziel.

Mattathias.

Du sprichst von unser'm Anspruch?

Lea.

Soll ich nicht?
Nun da kein Hinderniß —

Mattathias.

Vergiffest Du
Onias' Brüder?

Lea.

Die durch ihre Schuld
Längst selber dem Vergessen sich geweiht?
Kann auch der Abgefall'ne Priester sein?
Ihr Anspruch lischt in ihres Abfalls Greu'l,
Dein Anspruch steigt voll Reinheit leuchtend auf,
Ein Stern, nach dem sich alle Blicke richten.

Jojakim.

Ja, Herr, nach dem Gesetz bührt Dir der Hut.

Lea.

Dir hält das Alter schon den Fuß gebunden;
Send' einen Deiner Söhne denn hinab,
Was man von Deinem Anspruch denkt, zu hören.
Die Gleichgesinnten gilt's dann zu vereinen,
Das Volk sich zu gewinnen ohne Aufseh'n
Und scheinbar ohne Zweck; klug dann abwarten,
Bis des Onias Brüder ihre Kraft
Und die Geduld des Volkes selbst vergeudet
Und Alles, von Verwirrung übersättigt,

Im andern Zustand schon den bessern sieht.
Dem Syrier selbst wird es gelegen kommen,
Kann Ruh' er schaffen und den Schein doch wahren.
Schnell sende, Herr, eh' uns die Hast der Zeit
Verliert und uns're Reu' vergeblich nachweint.
Du siehst Dich um und wählst? Den Ueberleg'nen, der
Verwirren kann und selber fest doch steh'n
In der Verwirrung. — Sieh', ob ich vorhin
Zuviel sprach. (zu Judah, der in sich kämpfend dasteht, feierlich.)
                Judah! Mattathias Sohn!
                        Judah.
Es rief? und Du warst's, Herrin?
                        Lea.
                        Ich? Die Stunde rief,
Die Größe selbst: Auf, was in Judah Mann ist!
                        Judah.
Den Schakal? —
                        Lea.
                Träumst Du jetzt vom Jagen?
                        Judah.
                                        Bis
Der Löwe kommen wird, und — kommen wird er.
                        Lea.
Verträumtest, was die Todten wecken müßte?
Du weißt nicht, was gescheh'n?
                        Judah.
                Doch, doch; ich weiß es.
                        Lea.
Der Mann in Judah fände seine Stunde,
Die Stunde nicht in Judah ihren Mann?
                        Judah.
Ich bin ein Freund der Ruhe — und was sollt' ich —
Hier wo es Worte künstlich setzen gilt,
Ein feines Spiel zu spielen — was soll da
Der ungelenke Judah? Den Gewinnenden,

Den Glänzenden, den Redner sende, Herrin,
Send' Eleazar!

Mattathias.
Siehst Du Deinen Judah?

Lea.
Hat dieses Weib ihn mir schon so verderbt?

Mattathias.
Sein Hohn verschont des eig'nen Bruders nicht.

Judah.
Ihn sendet, er hat Ehrgeiz; Judah, wißt Ihr,
Hat keinen.

Lea.
Herr, folg' ihm.

Mattathias.
Der Leichtverführte
Ist's, der Euch Weiber leicht verführt. Klug ist er,
Allein ihm fehlt die Festigkeit des Mann's.

Lea.
Herr, ist Dir das Gesicht, das mir der Herr
Einst sandte, noch ein Traum? da wundervoll
Für seine Wahrheit schon Erfüllung zeugt?
Hat nicht der Herr den Ungebornen schon
Erwählt? und meinst Du, seinem Boten wird
Der Herr nicht geben, was er braucht? Und sieh:
Ist er nicht schon ein And'rer, als er war?
Wie jetzt der Größe Schwing' ihn trägt — Herr, sieh'
Ihn an — wo ist die Krone, Herr, die ihm
Mehr Glanz zu leihn vermag, als er der Krone?
Nun kommt herein, daß —

Eleazar.
Nicht die Schwelle, Herrin,
Vom Vaterhaus beschreitet Eleazar,
Eh' er des Herren Botschaft ausgeführt.
Laß meinen Stab mir holen.

Lea (winkt).

Joarim!

Joarim (in's Haus).

Lea.

Sieh, wie der Eifer seine Stirn vergoldet,
Daß ohne Krone schon er König ist.
So bleib', mein Kind!

Eleazar.

So, Herrin; kleiner nie
Als meine Größe. Nie soll Eleazar
Sich Größe leih'n von Etwas außer ihm,
Und wär's die Krone.

Mattathias.

Herr, verschließ Dein Ohr!

Lea.

So ehrt Dein Denken Deiner Mutter Ahnen.
(Joarim bringt den Stab.)
Hier nimm den Stab; wär's schon das Scepter Davids!
Nun segn' ihn, Herr, und heiß ihn zieh'n.

Mattathias.

Ist das
Dein Segen? Ist das einer Mutter Segen?
Die Mutter soll das Kind vor Leidenschaft
Behüten, die den Reifern oft dahinreißt, —
Und Du, Du selber füllst des Knaben Hirn
Mit Schwindelbildern? Reizest seinen Stolz
Zur Ueberhebung, Deiner gleich? Weh' Dir!
Daß Dich der Herr nicht an dem Gegenstand
Der Ueberhebung strafe, daß Du nicht
Dem Liebling fluchen müssest!

Lea.

Ist's denn besser
Zum Abschied zürnen? Sieh', noch ließ ich keinen
Von meinen Söhnen in die Fremde zieh'n;
Soll ich ihn niederdrücken, wenn er geht?

Eleazar.

Herr, laß mich zieh'n und gieb mir Deinen Segen.

Lea.

So leicht läßt Du die Mutter? — Geh' und kehr'
Dich nichts an mich; das Mutterherz ist thöricht.

Mattathias.

Geleit' ihn, Jojakim, sei sein Gewissen!

Lea.

Vorsichtig, Kind, sei mit dem Syrier.
Sei freundlich mit dem Niedrigsten; ein Lächeln,
Das nichts Dich kostet, tauscht Dir Herzen ein.

Mattathias.

Sei oft in seinem Hause, halte Dich
Zu seinen Knechten —

Lea.

Sei aufmerksam, daß Du
Gesund bleibst. Schwerer ist die Luft da unten
Und man wird leichter krank. O daß ich Dich
Mit diesem Kuß versiegeln könnte wie
Ein Kleinod, daß Dich keine rauhe Hand
Berühren könnte und kein gift'ger Hauch,
Bis daß Dich Größ' erbräch' und leuchtend hoch
An ihrer Stirn' hieß glänzen. Leb' — leb' wohl!

Mattathias.

Nimm diese Lehren noch: Thu' mehr als noth,
Und denk', Du hättest weniger gethan.
Siehst Du, daß And're falsch sind, sei Du selbst
Gerecht, so mußt an der Gerechtigkeit
Der Welt Du nie verzweifeln und behältst
Die Thatkraft unzerbrochen. Laß Dich nicht
Irr' machen am Geringsten im Gesetz.
Dem Zweifel frißt wie Feuer fort und wird
Nur hungriger vom Fressen. Werde nie
So reich am Geist, daß arm Du würd'st am Herzen.
Des Menschen ist der erste Schritt, der zweite

Nur halb, der dritte so nur, wie ein Schiff
Auf hoher See des Eigners ist; drum, wenn
Den ersten Schritt Du thun willst, denke, daß
Du in dem ersten schon den dritten thust.
Nun geh', mein Sohn, der sei gesegnet, der
Dich segnet, wer Dir flucht, der sei verflucht.
Leb' wohl, mein Jojakim, sei, wie Du bist.

Jojakim.
Dein Auftrag, Herr, sei Deines Knechtes Seele.

Lea.
Leb' wohl, und laß uns öfter von Dir hören.
Was hilft's, zu zaudern, zu verschieben, was
Doch einmal sein muß. Lieber eile, Herz,
Dem Jetzt voraus, vergiß sein wirklich Geh'n,
Indem Du ihn im Geiste kehren siehst,
Die Herrlichkeit der Könige mit ihm.

Eleazar.
Nun, Herr und Herrin! Brüder, lebet wohl!
Es heften Flügel sich an meine Füße.
Der Herr trägt mich auf seiner Hand dahin.

Die Brüder.
Leb' wohl!

Lea.
Noch diesen Kuß nimm, Lea's Sohn,
Und diesen Gruß, (wirft sich vor ihm nieder)
Israels künft'ger König!

Eleazar (hebt sie auf).
Nicht so. Vor Dir kniet einst das weite Land,
Zu Deinen Füßen dieses Landes König.
(Ab. Die Andern folgen, außer)

Judah
(der einen Augenblick den Gehenden nachsieht).
Geh' hin und sei der Sclav' des Scheins, der Schatten
Des Syriers. Judah will sein. Ihn treibt

Ein and'rer Ehrgeiz, der das Höchste nur
Sein werth hält; — Einziger Gedanke Du,
Der diesen Busen bis zum Springen schwellt,
Reif' in des Schweigens Schatten. Nur die That
Soll Deine Zunge sein.

(Indem er nach der andern Seite geht, fällt der Vorhang.)

Ende des ersten Akts.

———

Zweiter Akt.

Scene wie im ersten.

Judah, Naemi vom Thale herauf, aus dem Hause Lea; dann Mattathias von Jonathan, Johannes, Joarim, Benjamin geführt.

Lea.

Gut, daß mein Bote Dich so schnell getroffen.

Judah.

Dein Bote? Sandtest Du nach mir?

Lea.

Die Hand

Des Herrn fiel plötzlich auf sein Haupt —

(Sie zeigt auf Mattathias, der eben aus dem Hause kommt.)

Judah.

Was seh' ich?

Lea.

Der Todesengel folgt dem müden Schritt

Schon mit gehob'nem Schwert. Bald wird es fallen.

Der Sterbende verlangte nach Naemi,

Der Simeitin —

1

Naemi (ſtehend, Judah's Unwillen zuvorzukommen).
Zürne nicht der Mutter
Um dieſes Wort, Herr —

Judah.
Hörſt Du? Mattathias
Verlangt nach Judah's Weib. — Geh zu ihm, Demuth.
(Sie geht nach einem bittenden Blicke auf Mattathias zu; Judah und Lea folgen.)

Mattathias.
Noch einmal ſei mein Stab, Du blühend Reis.

Naemi (indem er ſich auf ſie ſtützt).
Noch tauſendmal, erhört der Herr Naemi.

Mattathias.
Heiß' mich nicht leben. Tagesmüd' bin ich
Und durſte nach der Ruh', ſo wie ein Knecht
Zur Zeit der Aernte nach dem Schatten durſtet
Und nach dem Quell der Wanderer ſich ſehnt.
Hier hin, mein Kind, (zeigt nach der Bank) hier endet ſich mein Weg,
Hier laßt mich ſitzen, wo mein brechend Aug'
Die Stätten ſieht vom Ruhme Iſrael,
Dort, wo Sennaherib dem Herrn erlag,
Dort, wo Iſais Sohn den Rieſen ſchlug.
Süß, wie der Athem einer jungen Braut,
Weht hier die Luft, und lieblich, wie ihr Mund
Auf ihres Liebſten Mund, liegt kühler Schatten
Auf dieſer Stelle, da ich ſterben will.
(ſie helfen ihm ſich niederlaſſen und unterſtützen den Sitzenden, um ihn knieend.)
Gott Abrahams! wie haſt, Barmherz'ger, Du
Den Knecht geſegnet; wie ſo wenig war,
Herr, ſeines Dienſtes und wie reich ſein Lohn!
Herr, zürnſt Du, daß ich, den Du reich gemacht,
Aus eig'nem Trieb ein armer Bettler war?
Daß ich die Freude, die Du täglich reichteſt,
Aus meinen Händen gleiten ließ und nach
Dem Jammer griff, mit dem Dein Volk Du ſchlugſt?
Ach, die einſt herrſchend ſaß, die Königin

Der Völker liegt verachtet nun im Staub,
Vor deren Blick die Völker zitterten —
Zertheilung hat sie schwach gemacht; nun ist's
An ihr, zu knie'n und fremden Hohn zu tragen.
Glied wüthet wider Glied; voll Schadenfreude
Lacht nun der Starke, straflos höhnt der Schwache;
Beut sich die Rechte selber doch dem Feind,
Der Linken Kraft zu fesseln, jubelt doch
Der Fuß dem Feinde zu, drängt der das Haupt.
O Schmach, wenn Kinder Einer Mutter sich
Befeinden! Schmach dem Mann, der ohne Scham
Die Schande seiner eig'nen Mutter mehrt!
Kommt, Söhne, eh' der Tod mein Aug' verlöscht,
Daß ich Euch segne. Wo ist Eleazar?
Ist nicht nach ihm gesandt?

Lea.

Schon muß er kommen.

Mattathias.

Und Judah? — Sendet nicht nach ihm. Soll er
Den Sterbenden verhöhnen?

Judah.

Herr —

Mattathias.

Das ist
Der Arm von Erz, ist meines Judah Arm,
Doch das ist meines Judah Herz nicht mehr.

Judah.

Herr — soll ich prahlen? — jetzt?

Lea.

Herr, reg' Dich nicht
So auf. Erheit're Dich! Wirkt Eleazar
Doch für Dein Volk!

Mattathias.

Für sich, nicht für sein Volk!
Nur für sein Haus, nicht für des Herren Größe.

Was kann des Herren Volke Gutes kommen,
So lang's ein Knecht ist in des Fremden Hand?
Mein Leben frißt der Tod mit meiner Hoffnung,
Daß meine Augen noch den Retter säh'n.
Herr, laß sie brechen, denn Dein Retter ist
Noch fern. Wie wird mir? (sinkt in Ohnmacht.)

Lea.

Seht nach Eleazar!
Kommt er noch nicht?

Jonathan (umschauend).

Herrin, er kommt.

Lea.

So heißt
Ihn eilen.

Jonathan (winkt).

Jojakim ist mit ihm.

Lea.

Wer
Hat Jojakim gerufen?

Eleazar (erst noch in der Scene).

Lebt er noch? (er tritt auf.)
Daß er mich segne.

Jojakim (tritt auf).

Daß er Dich verfluche!

Lea (tritt Jojakim in den Weg).

Willst Du ihn tödten?

Jojakim (will immer Eleazar folgen).

Besser ist's, er stirbt,
Als daß Du länger ihm die Wahrheit birgst.

Lea.

Du nahst ihm nicht! (hält ihn ab.)

Eleazar (beim Vater knieend).

Schon kehrt sein Geist zu ihm.

Mattathias.

Sind das nicht meiner Söhne Häupter?

Eleazar.

Vater!

Mattathias.

Die Stimme meines Eleazars? Ja; ich seh' ihn.
Noch einmal an des Hauses Fenster tritt
Die Seele, eh' sie es für immer läßt. —
Wie steht es unten?

Eleazar.

Gnade hat Dein Knecht
Gefunden vor dem Aug' Antiochus
Des Jüngern.

Jojakim.

Gnade? Um den Preis der Gnade
Des Herrn.

Mattathias.

Ist das nicht Jojakim?

Eleazar.

Mich höre,
Nicht diesen, Herr! Antiochus ist edel
Und seine Schwester ist ein hehres Weib,
So wie der Grieche seine Herä bildet,
Doch süßer Reiz dämpft lieblich ihre Hoheit.
Sie steigt von ihrem Thron zu mir herab,
Wie Selenä einst zu Endymion.

Lea.

Wer könnte sich erwehren, ihn zu lieben!

Mattathias.

Mußt Du Dein Süß in Bitter hüllen? Was
Schmähst Du mein Ohr und Deinen Mund mit solch'
Unheil'gen Lauten? — Weh'! ich seh's, es wird
Die Tochter Syriens sein schwaches Herz
Zu ihren Göttern lenken!

Jojakim.

Weh' Dir, Mann
Des Todes, stirb', doch fluch' ihm erst. Er hat
Geopfert vor dem Aug' des Syriers.

Mattathias.

Geopfert?

Lea.

Doch nach unserm Brauch'. Siehst Du,
Warum der Herr den Starken nicht erwählt?
Er wollte nicht das Schwert. Das Kosen sollte
Sein Bote sein. Er machte, daß das Herz
Der Tochter Syriens nach Deinem Sohn
Sich sehnte, Freundschaft goß er in das Herz
Antiochus für Deinen Sohn, wie er
In Jonathan's für David goß.

Jojakim (auflachend).

Ha, Freundschaft?

Eleazar.

Ja, Freundschaft! Dir zum Troze und den Deinen,
Dem Neid, der jeden Athem mir belauert. —
Und seines Vaters Tod erharrt er nur,
Der noch die Hand hält über Menelaus,
Damit er mich zum Hohenpriester seze;
Und meine Brüder sollen Fürsten sein.

Jojakim.

Vom Dornbusch Feigen und vom Heiden Freundschaft!
Unseliger, der nur die Angel ist,
Mit der der Heide fäht nach Deinem Volk,
Und die er fallen läßt, hat er den Fisch!
Unsel'ger, der um Flitter, Kindertand
Von Schmeichelei sein eigen Volk verräth!

Mattathias.

Weh' mir! Soll ich dem eig'nen Kinde fluchen?

Lea (tritt dazwischen).

Wenn Du mußt thun, was Dich der Fremde heißt,

3*

Der Neider, dem der Neid die Seele frißt,
Sei blind; sieh' nicht, wie Jesaias Wort:
„Dann wird Aegypten und Assyrien
Zum Herren fleh'n auf seinem heil'gen Berg"
Durch Eleazar sich erfüllen soll;
Fluch' ihm, der Jesaias Wort erfüllt,
Dem eig'nen Kind! Was fluchst Du nicht? Mußt Du
Nicht fluchen? Will's nicht Jojakim? (stellt sich vor Eleazar.)
                              Wohl! fluch' ihm, doch
Mir fluche mit!

   Aaron, Simei (kommen voll Angst den Felsweg herauf).
     Aaron.
   Der Syrier!

      Simei.
     Weh' uns! der Syrier!
Er kommt!

     Aaron.
    Es kommen Reisige, vom Zorn
Des Syriers ausgesandt!

    Mattathias.
    Was überschreit
Den Jammer Mattathias'? Häufst Du, Herr,
Noch mehr auf einen Sterbenden?

     Aaron.
      Er zieht
Herauf schon gen Modin!

    Boas (kommt aus seinem Hause).
    Wozu dies Schrei'n?
Ein Haufen Jasoniten, Reisige
Von der Partei des Menelaus, der
Hinabzieht nach Jerusalem. Geht heim
Und fleht in Demuth, daß nicht Schlimm'res komme!

    Aaron (in's Thal zeigend).
Herr, sieh' sie selbst!

Simei (ebenso).

Hier sind sie schon. Sie steigen
Herauf —

Judah (hinabsehend).

Nikanor ist's und Gorgias —

Eleazar (ebenso).

Antiochus des Alten beide Hände.

Boas.

Ein Durchzug nach Aegypten ist's —

Simei.

Wer kommt
Da athemlos?

Aaron.

Und gährend wie der Schlauch,
Den zu zerreißen droht sein Inhalt?

Amri (kommt den Thalweg heraufgestürzt).

Er
Ist in Jerusalem —

Judah.

Wer?

Amri.

Er — der König —
Der Syrier — der Alte — er hat den Tempel
Erbrochen und entweiht! Er hat das Heiligste
Besudelt mit dem Blut unreiner Thiere.

Judah (zornig).

Er hat — o gut! er hat dem Volke endlich
An's Herz gegriffen!

Amri.

Er hat den Schaubrottisch
Geraubt — den Rauchaltar hat er genommen —
Den siebenarm'gen Leuchter weggeführt,
Und aus der Bundeslade hat er das

Gesetz gerissen und hat es zerrissen,
Mit seiner Hand zerriß er das Gesetz.

Jojakim.

Der Herr reckt seinen Arm; sein Volk, thu' Buße!

Amri.

Gerissen hat er's aus der Bundeslade
Und hat's zerrissen; mit den eignen Händen
Zerriß er das Gesetz —

Judah (für sich).

Und unsre Ketten,
Wenn dieses Volk noch zürnen kann.

(Nikanor, Gorgias (mit syrischen Kriegern den Feldweg herauf. Es ist Volk
zusammengelaufen. Eine Pause der Erwartung).

Gorgias.

Hier sorge,
Nikanor, daß der Altar sich erhebt.
Und ich verkünd'ge den Befehl indeß.

Nikanor.

Dort seh' ich Steine haufenweis geschichtet.
Macht Euch an's Werk, Ihr Krieger!

Simei.

Was soll das
Uns werden?

Gorgias

(tritt in die Mitte, so oft er den Namen Antiochus nennt, neigen sich die Syrier,
die Simeiten und welche im Volk).

Unser Herr Antiochus,
König von Syrien und Babylon,
Armenien, Mesopotamien,
Assyrien, Bithynien, Israel,
Von Paphlagonien, der Herr von Pontos,
Von Cappadokien und Pergamos,
Und von Galatia wie von Aegypten,
König von Indien, Antiochus,
Der unser Aller Herr, thut Euch zu wissen:

Nachdem es mir gefallen hat, daß Alle,
Die in dem Schatten lagern meines Stuhls,
Hinfür zu meinen Göttern beten sollen,
Also sollt Ihr auch, Männer von Judäa
Und Israel, in Euern Städten, sollt
Auf Euern Bergen steinerne Altäre
Errichten, meinen Göttern da zu opfern.

Nikanor.

So spricht der König, unser Herr und Eurer.
Gehorcht ihm denn, Ihr Männer dieser Stadt.
Helft Steine tragen und den Altar schichten.
Greift an!

Simon (tritt vor).

  Herr, das sei fern' von uns. Denn unser
Gesetz verbeut uns, irgendwo 'nen Altar
Zu haben, außer in dem Tempel zu
Jerusalem; wie unser Gott, der Herr,
Ein Einz'ger ist, und keiner neben ihm,
Und hier nicht wohnt und sonst auch nirgendwo,
Als nur im Tempel zu Jerusalem.

Gorgias.

Im Tempel zu Jerusalem wird Zeus
Olympios wohnen; in dem Tempel, der
Sich hier erheben wird, die herrschende
Athenä.

Simei.

  Hier ein Tempel?

Aaron.

      Hier ein Altar?

Nikanor.

Murrt Ihr, Verstockte, wider Euern Herrn?
Meint Ihr, der Herr der halben Welt entsendet
Uns in dies Ländchen, um mit seinem Knecht
Zu handeln? Er befiehlt. Der Herr gebeut,
Der Sklav' gehorcht. Greift an!

Mattathias.

Herr Zebaoth,
Laß uns so tief nicht sinken!

Gorgias.

Welcher hier
Ist Mattathias?

Eleazar.
Hier der Sterbende.

Simon.
Herr, laß ihn ruhig sterben; sprich mit uns!

Gorgias.
Ihr seid die Söhne Mattathias?

Simon.

Herr,
Du sagst es.

Gorgias.
Und Du heißest?

Simon.

Simon, Herr.

Gorgias.
Nun wohl denn, Simon, Mattathias Haus
Ist angeseh'n beim Volke dieser Stadt
Vor allen; weise geh's denn Allen vor
Mit gutem Beispiel, sich und sie zu retten
Vor'm Zorn Antiochus.

Simon.
Herr, schlimmer wäre
Der Stadt des Herren Zorn, als der des Königs.

Nikanor.
Du zeichnest selbst Dich als des Königs Feind?
Er wird Dich finden.

Gorgias.
Euch, Ihr Uebrigen,
Geb' ich Bedenkzeit, bis das Werk vollendet.

(Auf der Rasenbank links vorn **Mattathias**, von **Naemi** und **Benjamin** gehalten, das Haupt zurückgesunken an des hinter ihm stehenden **Joarim** Brust; die Seinen um ihn gruppirt und zwischen ihn und den Vorgang getheilt; ganz vorn **Judah**; dann **Eleazar** und **Lea**; rechts **Simei**, **Amri Boas** und Verwandte berathend; in der Mitte hinter dem Altar, den die Krieger errichten, **Gorgias** und **Nikanor**; sowie der Altar fertig, steh'n die Krieger im Halbkreis hinter ihnen. Das Volk, darunter rechts ganz vorn **Aaron**, hinter ihm Anhänger **Simei's**, auf der rechten Seite **Issaschar**, **Astel** und andre Anhänger des Hauses **Mattathias**, umgiebt die drei Gruppen im Halbkreis.)

Judah.

Halt' an Dich, Herz! nicht unreif reiß' die Frucht
Vom Baum der Rettung! Jonathan! Du, eil'
Zu meinem Hause bei den Terebinthen;
Voll ist's von Waffen, bring sie her; und Du,
Johannes, mit Posaunen ruf' das Volk
Der Stadt hierher und auf dem Wege sprich
Mit tausend Feuerzungen zu dem Volk —

Jonathan.

Herr —

Judah (bittend).

Fort.

Johannes.

Bedenke —

Judah.

   Erst helft mir's vollbringen,
Dann widerrathet — dann will ich bedenken.

Jonathan, Johannes (ab.)

Lea (zu Eleazar).

Siehst Du die Augen glüh'n? den Athem stocken?
Die Fäuste, die sich unwillkührlich ballen?
Die Hände, die nach Waffen in der Luft
Schon suchend greifen, eh' der Kopf noch weiß,
Wozu? Nur eines Wort's bedarf's,
Das diesem Zorn, der nach dem Ausdruck ringt
Und ihn nicht finden kann, die Zunge leiht,
Den dumpfen Drang sich selbst verstehen lehrt —

Und hingerissen sind sie wie im Sturm
Ueber sich selbst aus dem gewohnten Dulden
Zu einer That, die kein Besinnen un-
Gethan mehr machen kann und schwanker Reu'
Den Weg abschneidet, je zurückzukehren;
Und was nicht Muth, das wird Verzweiflung enden.
Der Herr hat selbst den Augenblick gesandt.
Groß sollst Du sein durch Dich, nicht durch die Gunst
Des Syriers; Du sollst der Frommen Zweifel
An Dir beschämen, sollst —

Eleazar.

      Doch denkst Du auch,
Israel ist der Saum nur am Gewand
Des Syriers? ein Nichts vor seiner Macht?
Dem Syrier gehorcht die Welt. Und nur
Der Alte ist's, der uns bedräut. Und wird
Er ewig leben? Ein Gewitter braust er
Vorbei und Heit're bringt sein milder Sohn.

Gorgias.

Schon wendet thränenschwer ihr mildes Antlitz
Die Gnade. Einmal noch winkt ihre Hand.

Nikanor.

Weh' Euch, weicht sie dem Zorn, eh' Ihr gehorchtet!

Simei (der sich lebhaft mit den Seinen berathet).

Was thu' ich?

Amri.

      Folg' dem Syrier, so bewahrst Du
Des Volkes Leben vor Verderben; so
Hebst Du Dein Haus vor Mattathias Haus.

Boas.

Demüthig beug' Dich vor des Herren Hand,
In der der Syrier nur die Ruthe ist.

Simei.

Der Mensch will leben, wenn er sonst nichts will!

Gorgias.

Vollendet steht der Altar; hebt das Bild,
Das segenbringende, der Göttin d'rauf!

Jojakim

(sich wegwendend, das Gesicht in's Gewand verhüllt. Viele thun desgleichen).

Das Auge müsse nie das Heilige
Mehr schau'n im Tempel zu Jerusalem,
Das diesen Gräu'l geseh'n!

Mattathias.

   Herr, schlag' mein sterbend' Aug'
Mit Blindheit!

Gorgias.

   Jammert Keinen dieser Stadt
Verderben, daß er opf're, sie zu retten?

Nikanor.

So hört, Ihr Rasenden: Wer noch von nun
Israels alten Gott verehrt, muß sterben!
Wer unsers Königs Götter höhnt, muß sterben!

Lea.

Noch immer wählst Du?

Eleazar (kämpfend).

   Wozu willst Du mich
Hinreißen!

Judah.

  Halt! o halt' an Dich, mein Herz!

Nikanor.

Wenn nicht von diesem Altar Opferduft,
Von Einem dieser Stadt entzündet, steigt,
Eh' dieses Stundenglases Sand verrann,
Soll von Antiochus und seiner Rache
Die Stätte pred'gen bis zum End' der Zeiten,
Das Stoppelfeld vom abgehau'nen Trotz,
Und fern im Schweiß vor des Aegypters Pflug
Die Wittwen Euch der Knechtschaft Sonne sengen.

Judah (für sich).

Herr Zebaoth, laß Keinen ihm gehorchen!
O Waffen! Waffen! Eil' Dich, Jonathan!

Simei (sich Gorgias nähernd).

Halt' ein!

Judah (ihm in den Weg).

Was willst Du?

Simei.

Opfern will ich, retten!

Judah.

Verderben! — Und mein eig'ner Ohm! Herr, halt' ihn
Zurück. Soll Einer gehn, so sei's ein And'rer!

Simei.

Geh' aus dem Weg' mir.

Judah.

Herr, ich fleh' Dich, geh' nicht!

Amri.

Was will der Thor? Geh', Herr, wer darf Dich hindern?

Judah.

Ich. — So wahr Gott lebt, leben soll der nicht,
Der geht, um diese Bubenthat zu thun.

(Die Simeiten stehen unentschlossen.)

Lea (zu Eleazar).

Siehst Du sie zagen? Was ein Mann vermag!
Und kannst es tragen, daß Du keiner bist?

Eleazar (kämpfend für sich).

Ihm nachthun? — Eher trag' ich Vaterfluch,
Eher vergäß' ich Volk und Gott! Er soll
Der Erste wieder sein und Eleazar —

Nikanor.

So wählt Ihr Eurer Stadt und Eu'r Verderben —

Simei.

Du hört'st den Drohenden —

Gorgias.

Antiochus

Vermag nicht, den Gehorsam zu beschützen?

Umgebt ihn schirmend, Krieger, der dem Altar
Gehorchend naht —

Nikanor.

Und haut den Rasenden,
Der ihn zu schrecken wagt, in Stücken!

Naemi
(zwischen Judah und Simei, indem die Krieger mit Doppelreihen eine Gasse zu
dem Altar bilden).

Herr,
Geh' nicht. Sieh' meine Angst! Geh' nicht, mein Ohm!
O hör' Naemi's Stimme! Wenn Du gehst,
Wer kann dann wissen, wo es endet? Hör' mich!
Und hör' auch Du mich, Herr!

(Sie sinkt Judah ohnmächtig in die Arme.)

Judah.

Hör' sie!

Simei.

Hör' Du sie!

Judah.

Dein eig'ner Ohm verwirft Dich, armes Weib.
Geh' — (Er wirft sie Simon zu.)

Simei.

Herr, ich gehe schon —

Judah.

In Dein Verderben!

Mattathias.

Ein Jude geht! So nimm mich zu Dir, Herr!

Simei.

Laß Deinen Diener Gnade finden, Herr;
Wenn er will opfern — wie vollendet er's?
Nie sah er einen Deines Glaubens opfern.

Gorgias.

Knie' hinter dem Altar und heb' die Hände.

Amri, Aaron, Boas.

Er kniet. Gesegnet, der das Volk errettet!

Jojakim (sich krümmend).

Thut Buße! Seine Hand ist ausgereckt!

Judah.

So sei sein Blut auf ihm! Ich kann nicht anders.

Gorgias.

Nun heb' die Augen zu der Göttin auf,
Dann bete für Dein Volk! —

Judah
(hineilend, durch die Doppelreihe der Krieger brechend).

Bete für Dich,

Abtrünniger! So eiferte Pinehas
Für das Gesetz des Herrn —

(er hat einem Krieger das Schwert aus der Scheide gerissen und ersticht Simei, der
hinter den Altar fällt; dann zerstört er mit den Füßen den Altar.)

Simei (sinkend).

Ich sterbe.

(Einen Augenblick Stille der Ueberraschung.)

Amri
(auf Judah zu, von dessen Blick auf halbem Wege festgebannt).

Nieder mit

Dem Mörder!

Eleazar
(der Judah einige Schritte nachgeeilt, kann jetzt erst sprechen).

Was thust Du?

Nikanor
(vor Ueberraschung einen Schritt zurückgetreten; die Krieger sind vor Judah
auf die Seite gewichen).

Was unterfängst Du Dich?

Verwegener!

Judah
(hat die Statue heruntergeworfen, daß sie zerbrach; mit einem Fuß auf der Statue stehend, das Schwert in der Rechten über seinem Haupte schwingend. Posaunen
in der Scene immer näher, in die folgenden Reden).

Der Herr ist Gott allein,
Der Herr, der war, der ist, der ewig sein wird,
Israels Gott, Er, der lebend'ge Gott,
Der Gott, der nicht von Menschenhand gemacht,
Der Mächt'ge, der auf Feuersäulen wandelt,
Und alle Himmel beben, wenn er schilt,
Er spricht: ich bin Dein Gott, und sonst ist's keiner!
Anbeten sollst Du keinen Gott als mich. —
Was ich mich unterfange, fragst Du, Heide?
Ich setze meinen Fuß auf Deinen Gott.
Er liegt zertrümmert. Wo ist seine Macht?
Kann er sich selbst nicht helfen, und soll's Euch?
O arme Beter! ärm'rer Gott!

Nikanor.
                    Zu lang'
Schon dulden wir des Buben Schmäh'n. Greift ihn!
Reißt ihn in Stücken!

Judah.
                    Volk von Israel,
Ich bin ein Einzelner. Was bäumt denn diese
Zurück unsichtbar? überfüllt ihr Auge
Mit Schrecken, der die ehr'nen Arme lähmt?
Das ist der Gott Jehovah Zebaoth,
Der mich umkreist mit seines Fittichs Schrecken.
Er will's! der Herr will's! Wenn der Herr es will,
Wer widerstrebt?

Jojakim.
Er wills!

Simon, Issaschar, Usiel.
                    Er will's! Er will's!

Volk (anwachsend).
Er will's! Der Herr will's! Ja, er will's! er will's
Nikanor.
Auf, Krieger!

Judah.

Heran, Ihr Götenknechte, kommt!
Ich bin ein Einzelner; was zagt Ihr denn?
Ich höhne Eure Götter — kommt heran!
Ich diene noch dem alten Gotte Jakob,
Dem Gotte, der sein Volk erretten wird.
Er schüttelt meinen Arm, und bleicher Tod
Fällt von ihm nieder wie die Frucht vom Baum
Und Jammer rauscht wie Hagel von ihm nieder!

Volk (immer näher drängend).

Er will's!

Usiel.

Bringt Waffen!

(Es werden von hier an Waffen auf einen Haufen zusammengetragen, die das Volk
aufrafft, sich zu bewaffnen.)

Volk.

Waffen! Waffen! Waffen!

Nikanor.

Scheucht ein Verrückter Euch den Muth davon?
Greift ihn! Ha, Schande! Seid Ihr Krieger? seid
Ihr Buben? Muß ich selber Euch beschämen?

Volk

(während die, welche schon Waffen aufgerafft, sich um Judah schaaren).

Ha, Waffen! Waffen! Steh't zu ihm! Gott will's.

(Jonathan, Johannes, Priester mit Posaunen, Volk.)

Gorgias (Nikanor mit Gewalt zurückhaltend).

Wirfst Du umsonst Dein Leben hin?

Nikanor.

Schmach! Schmach!

Gorgias.

Die Schmach zu tilgen, laß' uns leben.

Nikanor.

Und
Es kommt der Tag!

Judah.

Ihr geht?

Gorgias.

Ja, doch wir kehren
Mit Hunderttausend.

Judah.

Gott allein ist Tausend-
Maltausend!

Nikanor.

Bebt dem Zorn Antiochus!

Judah.

Er soll nur kommen, soll nur holen seinen
Zerbroch'nen Gott!

Gorgias.

Du spottest bald nicht mehr.

Nikanor.

Jetzt höhnst Du, doch Du bebst einst, wenn wir kehren.

Judah.

Vor Lust, ja, wie ein Baum im Regen bebt.

(Die Syrier in's Thal hinab, ab. **Boas, Aaron, Amri** tragen **Simei's**
Leiche, Weh und Rache rufend, nach ihren Häusern zu.)
(Bis zu Ende des Aktes Waffenbringen und Waffnen, wobei Frauen und Kinder
helfen, Abschiednehmen, immer noch Zuströmen des Volkes und näher und ferner
Posaunen und der Ruf: Er will's! in der Scene.)

Jojakim
(von Einigen aus dem Volke gefolgt, hinter den Syriern her).

Laßt sie nicht flieh'n! Ergreift sie! Tödtet sie!

Eleazar (will ihn halten).

Unsinnige! Ruft sie zurück —

Judah.

Weh' dem,
Der meine Boten an den König kränkt!

(sie gehorchen ihm; er reißt seinen Mantel ab und in Stücken, die er den Nächst-
stehenden zuwirft, die damit, nachdem sie nach seinem Gebote gethan, abgehen.)

Taucht diese Stücke in des Frevlers Blut,
Tragt sie durch's Land, mit lauter Stimme rufend:

So that der Judah dem Abtrünnigen.

Wer denkt wie er, der sammle sich zu ihm.

In Judahs Felsenwüste harrt der Aar,

Bis ihm zum Flug die starken Schwingen wachsen.

Johannes bleibt Euch, Frauen von Modin,

Der Herr und dieser Felsenveste Schutz.

Nun, Männer, reißt das Liebste von dem Herzen,

Denn, wen der Herr erwählt, den will er ganz.

Lea.

Hört Mattathias, denn der Geist des Herrn

Ist über ihm.

Mattathias (mit Hülfe der Nächsten stehend).

Judah, mein Sohn! mein Herz

Dröhnt wie die Harfe unter Spielers Hand.

Der Herr rührt mich mit seinem Jubel an,

Daß ich erzitt're wie das Blatt im Sturm

Und klinge, wie der Harfe Saiten klingen.

Zeuch' hin, mein Judah, Streiter Gottes, zeuch'!

(Judah kniet vor ihm; der Alte legt seine Hände auf Judah's Haupt).

Er schickt den Sieg vor Deinen Schaaren her.

Folgt ihm, Ihr Söhne, den Sein Athem treibt;

So wie Ihr Judah folgt, folgt Euch mein Segen,

Doch wer von Judah läßt, der sei verflucht!

(Eleazar, der sich von der ihn zurückhaltenden Lea losgemacht und reden wollend sich ihm genähert, wankt einen Schritt zurück.)

Du hast mir Deinen Retter noch gezeigt —

Eleazar.

Laß mich! Herr, stirb nicht, bis Du mich gehört —

Mattathias.

Nun laß', Herr, Deinen — Diener zieh'n in —

(Er stirbt.)

Judah (knieend über ihn gebeugt).

Frieden

Mit Dir, mein Vater!

Lea.

Fliehst Du?

Eleazar.

Muß ich nicht?
Treibt mich sein Fluch nicht fort und Euer Eifer?
(für sich).
Den ich verdienen muß, da er mich traf. —
Das Volk zu retten kehr' ich einst, das Ihr
Verderbt —

Judah (aufstehend).

Und ew'gen Haß dem Syrier
Und uns nicht Ruh', eh' uns der Sieg sie gönnt!

Usiel
(reicht ihm eine Lanze und einen Helm).

Eleazar (zu Lea).

Es kommt der Tag, da ich Dich fragen komme:
Ist Judah noch der Größere?

Judah (setzt den Helm auf).

Nun tönt,
Posaunen, in das Kriegsgeschrei: Er will's!

Die Bewaffneten (sich rangirend).

Er will's! der Herr will's!

Judah (hebt den Speer).

Schwert des Herrn und Judah!

(Posaunen; die Gewaffneten, **Judah**, **Simon**, **Jonathan**, **Usiel** an
der Spitze, ab; **Eleazar** reißt sich von **Lea** los und eilt den Felsweg hinab; indem die Zurückbleibenden Anstalt machen, **Mattathias'** Leiche aufzuheben, fällt
der Vorhang.)

Ende des zweiten Akts.

––––––––

Dritter Akt.

Ein Hügel am Schlachtfeld von Ammaus.

Posaunen und Geschrei: „Sieg! Sieg mit Judah's Schwert!" in der Scene.
Es kommen **Simon, Jonathan, Hauptleute, Krieger**.

Jonathan.

Die Syrier flieh'n!

Simon.

Beth Horon und Ammaus,
Ihr kleinen Sterne, kaum beachtet sonst,
Nach Euch wird nun der Blick des Forschers seh'n!

Jonathan.

Beth Horon hat Israel neu geboren;
Ammaus hat es aufgesäugt mit Blut.

Judah kommt mit **Aemilius Barbus** und Gefolge.

Judah.

Willkommen, wackrer Römer!

(Er bleibt an der Coulisse und spricht hinein.)

Heißt die Reiter
Den Sieg verfolgen! Jenen größern Haufen
Nehmt in die Mitt'; zerdrückt ihn zwischen Fluß

Und Fels und Eurer Wucht! Die kleinen hier
Und dort zerstäubt. (Vorkommend.)

Schnell, Simon, nach Modin;
Jonathan nach Jerusalem mit diesem
Oelblatt von Glück und Sieg und bald'ger Heimkehr!

Simon.

Nicht umsehn will ich auf dem Weg. Lebt wohl! (Ab.)

Jonathan.

Und ich — hilft gute Botschaft eilen, wie
Sich schlimme hindernd an die Fersen hängt,
So maß kein schnell'rer Schritt je meinen Weg.
Lebt wohl! (Ab.)

Judah.

Lebt wohl. (Zu Aemilius) Verzeih' die Unterbrechung.

Aemilius.

Mich sendet der Senat von Rom zu Dir
Und glücklich fügten es die Götter so,
Daß ich, vom eig'nen Aug' belehrt, daheim
Versichern kann, daß Deines Bildes Größe,
Wie sie es seh'n, nichts der Entfernung dankt.
Doch laß mich Worte sparen —

Judah.

Römisch ist's;
Ich weiß, so sparsam ist der Römer nicht
Mit seinem Herzblut, als mit seinem Athem.
Er achtet nur die That.

Aemilius.

Du sprichst es aus,
Was Roms Senat bewog, mich Dir zu senden.
Denn seinem immer wachen Aug' entging
Kein Zug von Antlitz Deines Heldenlaufes;
Die Kühnheit nicht, die Dein erschlafftes Volk
In ihren Strom hineinriß, hinter ihm
Abschneidend jeden Rückweg seiner Feigheit
Zum altgewohnten Dulden, daß Verzweiflung

Den Muth erſetzen mußte; nicht die Weisheit
Und die Enthaltſamkeit, mit der, indem
Du nie Dein junges Glück auf einmal wagteſt,
Nie Größ'res wagteſt, als Du durfteſt, bis Du
Das Größte wagen durfteſt, aus Verzweiflung
Du Muth ſchuffſt; nicht das Zeugniß Deiner Schlachten,
Daß Du die Feldherrnkunſt verſtandſt, zu ſiegen
Und — wie die Hand der ew'gen Götter auch
Die Würfel lenkte — nie beſiegt zu ſein.
Und nun von ſolchem Heldenlauf gewonnen,
Beut Dir die große Roma ihren Schutz.

Judah.

Sag' Rom, das Dich geſendet, Judahs Dank
Für ſeine gute Meinung, wünſcht' er ſchon,
Sie wäre beſſer noch, doch auch verdienter,
Und nicht ſein Lob ſo auf des Volkes Tadel
Gebaut. Denn, wahrlich! dieſes Volk hat mehr
Gethan, als Du von Judah rühmſt; und nur
Des Volkes Meinung ſprech ich aus, ſag' ich:
Der ſoll nicht ſtehen wollen, der es nicht
Auf ei'gnen Füßen kann. Und g'rad heraus:
Wir ſteh'n ganz leiblich. Zwanzig Schlachten hat
Dies Volk geſchlagen und mit dieſem Sieg
Den Weg geöffnet nach Jeruſalem.
Dem Syrier fehlt's an Menſchen und an Geld.
Vergolde, bitt' ich, was ich Dir geſagt,
Zu unſcheinbar ſonſt iſt's mit Deiner Kunſt.
Und nun — Rom bietet ſeinen Schutz — Rom will
Damit, ich weiß es, nicht ruhmredig ſein;
Ich nehm's als eine Form der Höflichkeit,
Wie unter ſeinesgleichen man ſie wechſelt,
Und, ſie erwiedernd, bietet denn durch mich
Das große Iſrael Rom ſeinen Schutz.

Aemilius.

Ich sehe, daß die Näh' Dich nicht verkleinert
Wie manche Ruhmesgrößen. Lebe wohl! (ab mit Gefolge.)

Jojakim kommt.

Judah.

Leb' wohl! — Schon sinkt der Abend. — Gebt das Zeichen
Zum Einhalt den Verfolgern!

(Ein Hauptmann ab; Posaunensignal.)

Laßt die Wachen

Ablösen! Vorsicht sei des Glückes Siegel. (Ein Hauptmann ab.)
Wie stattlich diese Römer. Selbstgefühl,
Wie zierst Du selbst im Uebermaß ein Volk!
Im kleinsten Römer lebt das große Rom.
Wird mir's gelingen, nur die Hälfte Dir,
Die Hälfte nur von Roms Zuviel zu geben,
Mein Volk?
Roms Schützling sein? — Im Stärkern wähle Mensch
Und Volk den Herrn, doch nie den Freund, sonst wird
Der Freund zum Herrn. Hat nur der Fuchs die Pfote
Im Taubenschlag, bald ist er selber drinn.
Geh', stolzer Römer, lieber Feind, als Freund. —
Nun heißt die Krieger lagern, Schaar für Schaar!
Den Vorrath öffnet, geizt nicht mit dem Wein;
Laßt sie des Sieg's sich freu'n!

Jojakim.

Herr, keinen Wein!

Laß sie nicht jubeln, laß sie beten, Herr;
Laß sie nicht trinken, laß sie fasten, Herr!
Laß sie demüthig sein und sich nicht rühmen;
Denn Niemand hat gesiegt, als nur der Herr,
Und überheben soll sich nicht das Werkzeug!
Des Herren Sabbath kommt hereinzubrechen,
Von dem der Herr zu Mosen redete:
Wer nicht an meinem Tage ruht, soll sterben.
Du schicktest Deine Brüder, Herr, zu reisen,

Botschaft zu bringen; sende nach, ruf' sie
Zurück, zwing' sie nicht gegen das Gesetz!

Judah.

Wenn ich Dir folgte, zwäng' ich nicht die Boten?
Wär's neue Sünde nicht? D'rum, heil'ger Eifer,
Laß es genug sein an der Einen Sünde,
Und nicht —

(Geschrei in der Scene: „Flieht! Flieht! Nein! Steht und sterbt!")

Was soll das Schrei'n? Was ist gescheh'n?

Nathan (kommt eilig.)

Nathan.

Herr, flieh', denn fürchterlicher naht der Feind,
Als den Du schlugst! Gen Abend starrt das Thal
Von Spießen zahllos, und der Schilde Glanz
Im Abendschein ist eines Meeres Glanz.

Judah.

Der Feind? — Der Wein ist Deines Hirnes Feind.
Geh', leg' Dich! Solchen Feind besiegt der Schlaf,
Und uns're Wachen stehen weit in's Land.

Nathan.

Die Wächter kehrten heim, vom Siege sicher
Gemacht.

Jojakim.

Vom Siege nicht; nein, weil der Sabbath

Beginnt hereinzubrechen. Herr, sie thaten
Nach dem Gesetz, und alle Heil'gen lobten's
Und sagten, daß sie heilig d'ran gethan —
Denn Niemand mehr soll herrschen, als der Herr —
Und ihrer ist die Mehrzahl Deines Heeres.

Judah.

Tod über Euch, Ihr Rasenden, ist's wahr!
Heilig gethan? Heilig? — Ich sag' Euch: wahrlich!
Ihr hättet heiliger gethan, Ihr hättet
Alles Gesetz des Moses übertreten
Und meinem Wort gehorcht —

Jojakim.

Ha! welche Läst'rung!

Herr, Herr, verschließ' Dein Ohr!

Usiel (tritt auf).

Judah (ihm entgegen)

Schnell, Usiel,

Zurück und heiß' sie sich zum Rückzug ordnen.

Usiel.

Zu spät, Herr, denn der Feind ist schon zu nah.

Judah.

So heiß' im Rückzug sie sich ordnen, kämpfend
Die Hintersten den Feind abtreiben, bis
Die Nacht uns von ihm scheidet!

Usiel.

Deine Meinung
Sah' ich voraus, doch fehlte der Gehorsam.
Auf Deines Vaters Brudersohn beruft
Das ganze Heer sich, denn der Sabbath nahe
Und Keiner dürfe fechten.

Judah.

Keiner dürfe —
Der Sabbath — sie berufen sich — auf wen?

Usiel.

Auf Jojakim.

Judah.

Auf Jojakim? Auf diesen?
Du hast verkehrt gehört. Judah befiehlt
Und — sie berufen sich? — geh', scherz mit Andern!
War's Judah, der die zwanzig Schlachten schlug
Und siegte? Nein! wie ließ' das Volk dann Judah,
Von einem Thoren von ihm fortgelockt,
Der nichts vermag, als eifern; Nein; es ist
Unmöglich. Geh'! Judah befiehlt, hörst Du?
Der Judah, der sein Volk befreit, befiehlt

Dem Volk, zu fechten. Geh'! Kein Wort mehr, eh' Du
Zurückkehrst!

Jojakim.

   Schon' der Deinen Blut. Sieh' hin,
Dem Syrier bieten wehrlos sie die Brust,
Doch Deinen Joel schlagen sie zu Boden,
Der sie will zwingen zu verfluchter That.

Judah.

So weit schon wär's? Was jahrelanges Müh'n,
Was der Gedanke eines ganzen Lebens
Geschaffen, soll ein Hauch aus Thoren-Mund
Zerwehen können? Sprich Vernunft zum Volk!
Nur diesen Sieg noch, und es ist gerettet!

Jojakim.

Ist dies auch Judah? dies auch Jojakim?
Wenn Eure Mutter Größ' Euch predigte,
Stand Jojakim verachtet unter Euch —

Judah.

Ist's das? — Hier nimm den Führerstab; mein Mund
Soll durch den Deinen reden, meine Hand
Durch Deine siegen; mein sei nur die Müh',
Und Dein der Ruhm des Sieges und der Rettung!
Ist dies Gebot Dir noch zu klein? Komm, laß
Den Handel gelten, heil'ger Neid, Dein Volk!
Nicht zu verderben!

Jojakim.

   Mund voll Lästerung!
Bin ich wie Du? Herr, Deinen Heiligen
Will er bestechen, daß um faulen Ehrgeiz
Dein Knecht Dich lasse. Unglückseliger,
Weit besser ist's, das ganze Volk verdirbt,
Als daß von dem Gesetz Ein Buchstab' nur
Werd' übertreten!

Judah.

  Weisheit, Du wirst Unsinn

Im Mund des Schwärmers, und die Thorheit furchtbar,
Ansteckender und sonnverfinsternder,
Als Pest und als Heuschreckenschaaren sind!
So untergeh'n? — so elend lächerlich,
So — Volk, das nach der Schande jagt, wie and're
Völker nach Ehre! — So den Kelch am Mund,
Verdursten; die Dattel schon am Gaum, verhungern;
So — an der Spitze schon des Speers den Sieg —
Und — untergeh'n — so, so — als tödtete
Der Tod allein nicht, hälf' nicht Schmach dazu?
Nein! Nein! er soll nicht! hier mit diesen Händen
Erwürg' ich Dich, wenn Du Dein Volk nicht rettest!

(alle Anwesenden schaaren sich schützend um Jojakim, außer Uriel.)

Jojakim.

Laßt ihn; er mag's vollenden. Auf die Läst'rung
Häuf' er den Mord am Heiligen. Laßt Jojakim,
Ja, laßt ihn sterben für sein Volk!

· Die Hauptleute (um Jojakim).

Tod, wer
Den Heil'gen Tod droht!

Judah.

Recht! recht! recht! Drückt noch
Die Schlange, die Euch sticht, fest an den Busen
Und küßt des Löwen Zahn, der Euch zerreißt!
Elendes Volk, zum Werkzeug nur gemacht,
Leih' Dich dem eigenen Verderben dar,
Straf' so Dich selber! Volk, was warst Du, eh'
Dich Judah aufnahm aus dem Staub? Das wirst
Du wieder werden, ärmer denn zuvor.
Du hattest nichts — nichts — gar nichts — selbst der Muth
In Deiner Brust, der Witz in Deinem Hirn
War Judahs Muth und Witz; ich, den Du zwangst,
Dich zu verachten, that der eig'nen Seele
Gewalt um Dich, und — und so vergiltst Du mir?
Verflucht der Arm, der für Dich schlug! verflucht

Dies Herz, verflucht das Aug', das für Euch wachte!
Die Kröte wollt' ich zu 'nem Adler flügeln;
Hin in den Sumpf, der Deine Heimath ist,
Werf' ich Dich wieder! (Es kommen immer mehr Krieger.)

Jojakim.

Hört Ihr? hört Ihr? hört Ihr?
Mein Hirn erschwindelt ob der Lästerung,
Mein Blut schwillt gährend auf wie Most im Schlauch,
Der Herr füllt wider Willen mich mit Eifer.
Er prahlt mit dem, was nur gelieh'n ihm war!
Wir Alle nichts, der Herr nur hat gethan.
Der Böse wie der Gute thut unwissend
Uns meinend, nur dem eig'nen Antrieb folg' er,
Des Herren That. Der Herr braucht auch den Bösen,
So lang' er will, zu seiner Zwecke Werkzeug;
Läßt seine That gescheh'n, bis er ihn hinwirft
Und ihn verdirbt um seiner Absicht Bosheit.
Das neue Syrierheer kommt von dem Herrn.
Er selbst hat es erweckt, uns zu versuchen,
Ob wir ihm folgen oder seinem Feind.

Usiel.

Was willst Du thun? Du fliehst? Du giebst es auf?
Denn Alles ist verloren.

Judah.

Geb' ich's auf,
Dann ist's verloren — Fliehen? Sterben? Feig
Sich selbst einreden, Tod für Etwas sei
Das Größte? Leben ist's! Was ist's, den Schaum
Vom Kelch des Lebens schlürfen, wenn er braust?
Hinsinken, um in Liedern aufzusteh'n,
Eh' man des Bechers Grund geseh'n? Nein, Tropfen
Um Tropfen kosten; so die bittr'e Hefe
Auskosten bis zum letzten! Undank tragen,
Verdächtigung, zerstört zu seh'n und wieder
Zerstört und immer wieder, was man schuf,

Zerstört, durch Die zerstört, für die man schuf,
Und dennoch nicht ermüden! Heuchler, sieh',
Was Du vermagst; schlag' Deine Brust und roll'
Dein glühend Aug', hier leuchtet Judah's Schwert,
Hier ruft die Stimme, die dem Sieg gebeut!

Jojakim.

Der Tod ist Sieg hier und der Sieg ist Tod.
Stirb', Volk, dem Gotte, der den Sabbath schuf!

Judah.

Gott schuf den Sabbath, da er ruhte, doch
Er ruhte erst, da er sein Werk vollendet;
So thu', sein Volk; erst Sieg und dann den Sabbath!
Mir nach, sein Volk, zum Sieg! (Ab. uftel folgt ihm.)

Jojakim.

Mir nach zum Tod! (Ab.)

(Die Uebrigen folgen Jojakim.)

Bon der andern Seite kommen Antiochus, Eleazar, Nikanor, Gefolge.

Antiochus (zu Nikanor).

Du bringst uns schwere Nachricht, doch Du bringst auch,
Was uns sie leichter tragen machen kann.
Ein Trost ist: bei des Vaters Tod dies Heer,
Das er in Persien warb vor seinem Tode
Und, das in seinem Sinn gebraucht zu seh'n,
Ihm, der ein Gott nun auf uns niederschaut,
Das schönste Sohnesopfer dünken muß.
Mit in sein Grabmal schließ' ich meine Milde
Und seinen Zorn nehm' ich in meine Brust.
Nur solchen soll der Zweig der Milde blüh'n,
Die so wie Du, mein Ajax, freigewillt
Aus ihres Volkes düster'm Wahnesmoder
Herauf sich retteten an's heit're Licht
Der Götter ihres Königs.

Eleazar.

Deiner Götter.

Sie waren Deine, und so mußten sie
Auch Deines Ajax Götter werden, Herr.

Gorgias (kommt eilig).

Herr, Nikomedes hat den Kampf begonnen,
Wie Du gebotst.

Antiochus (wendet sich nach der Coulisse).

Der Kampf — ist das ein Kampf?

Nikanor.

Was ist das? Ist's ein Wüstenbild, das hier
Uns äfft? Doch hier ist keine Wüste. Wehrlos,
Den Schild nicht brauchend, lassen sie sich schlachten.

Gorgias.

Noch mehr — unglaublich ist's — die Einen knie'n
Und singen Psalmen, And're werfen sich
Selbst in der Unsern Schwert.

Antiochus.

Als wär's ein Glück,
Sich schlachten lassen, und ein Liebesdienst,
Sie schlachten, von den Unsern.

Nikanor.

Sie berauschen sich
Im Trank des Tod's.

Antiochus.

Nur Einer, mächtig ragend
Wie Ares, kämpft und ruft zum Kämpfen auf.
Ist das nicht Judah, ist's der Kriegsgott selbst!
Er spricht und wirft sich in den Kampf, der Meinung,
Daß sie ihm folgen. Seht, die Unsern weichen
Vor ihm allein. Nur tausend Judah's und,
Mit meinen Hunderttausend wär' ich nicht
Des Sieg's gewiß. Er sieht sich kämpfend um,
Ob sie ihm folgen, eilt zurück und trifft sie
Mit Reden, schärfer, denn ein syrisch Schwert;
Nun mit geschwung'nem Speer stürzt er von Neuem

In's blut'ge Bad — vergebens — wendet nun,
Den Speer — so wie der Treiber auf das Vieh
Läßt er die Schläge auf die Trägen regnen.
Umsonst. Nun droht er mit dem Schwert. Er haut
Den Nächsten nieder; doch der Nebenmann
Erhebt sich nicht; er will den Tod, komm' er
Vom Judah oder von dem Feind. Dies Volk
Bezwing' ich wohl, doch diesen Judah nicht.

Eleazar (für sich).

Verfolgt mich seine Größe überall?
Besiegt selbst, siegt er!

Antiochus.

Wer erklärt dies Räthsel?

Eleazar.

Der Sabbathtag, an dem kein Heiliger
Was Anders thut, als ruh'n, bricht eben an.

Antiochus.

Ist's so, benutzt die Thorheit! Gorgias, Du
Wirfst mit dem halben Heer Dich auf den Feind
Und schlägst die Thoren mit der eig'nen Thorheit.
Wir mit der andern Hälfte ziehen weiter,
Den Schreck der Ueberraschung vor uns her.

(zu Nikanor).

Du sendest Boten nach Jerusalem
Im Namen ihres echten Hohenpriesters —
Und daß er's wirklich sei, nimm ihr Gesetz
Zu Hülfe und der Priester Stammregister.

(Nikanor ab.)

Uns nennt Tyrannen dieses Thorenvolk?
Sein einziger Tyrann ist sein Gesetz;
Brecht auf. Des nächsten Abends Roth sieht Ajax
Als Hohenpriester. Gen Jerusalem!

(Alle ab.)

Verwandlung.

Scene wie im ersten und zweiten Akt.

Frühester Morgen. Waffengeklirr und Geschrei Kämpfender in der Scene. Ein Volkshaufen wirr durcheinander rufend aus der Stadt nach vorn.

Josuah.

Getöse wie von Waffen!

Eliah.

Schrei'n vom Felsenpaß!

Misael.

Und mondenlang von Judah keine Nachricht!

Ruben.

Gott Israels! es sind die Syrier!

Alle.

Wir sind verloren!

Issaschar (tritt aus der Mündung des Felsenpasses).

Nicht, weil Lea lebt.

Volkshaufe (durcheinander).

Wer ist's? 's ist Issaschar, der Sohn Medimnah!
Der Aelt'ste von Modin! Herr, sprich, was ist's?

Issaschar.

Ein Haufen Syrier, derselbe, der
Vor Judahs Annah'n in's Gebirg zurückwich,
Ist eingedrungen in den Felsenpaß,
Der hier herauführt aus dem Terebinthenthal.
Verrath hat diesen einz'gen Weg zur Feste
Den Feind gelehrt, den nur die Bürger kennen;
Doch Lea's Wachsamkeit vereitelte

Den Bubenstreich und die Natur des Passes,
So eng' und steil voll Steingeröll' und Dornen,
In dem ein tapfrer Mann ein ganzes Heer
Abhalten kann — und seht! schon ist sie Sieg'rin.

(Lea mit Anhängern, den gefangenen Aaron in der Mitte, aus der Mündung des Felsenpasses.)

Jubelt ihr zu: Ein langes Leben Lea!
Der Mutter von Modin Tag' ohne Ende!

(Johannes mit Gefolge und dem gefangenen Boas aus der Stadt, von einem zweiten Volkshaufen begleitet, der sich hinter Lea gruppirt.)

Josuah, Eliah, Misael, Ruben.

Der Mutter von Modin Tag' ohne Ende!

Misael.

Fallt vor ihr nieder!

Lea.

   Nicht so. Nur dem Herrn,
Dem Schutzgott Israel's gebührt der Preis
Und Judah, dem Erwählten; dann den Treuen,
Von deren Thun mein Aug' ich Zeuge sein hieß,
Damit mein Mund vor Judah's Ohr sie rühme,
Vor Judah, der der That nichts schuldig bleibt.
Ich seh' ihn, wie sich seine Heldenstirn'
In Wolken hüllt, vernimmt er, wie Verrath
Modin bedroht, ein Bürger von Modin
Dem blut'gen Feinde selbst den Weg gezeigt,
Bis Sonnenschein die Nachricht ihm entlockt,
Wie Treue den Verrath besiegt und den
Verräther selbst gefangen nahm. Zeigt ihn
Dem Volke!

    (Es geschieht.)

Josuah, Eliah, Misael.

Aaron!

Ruben.

Der Brudersohn

Von Simei!

Alle.

Weh' über Aaron!

Johannes.

Herrin, noch mehr hat der Verrath gewagt.
Rückkehrend von den Thoren, die, wie Du
Befohlen, ich mit treuer Hut besetzt,
Ergriff ich diesen hier. Er sprach zum Volke,
Es schreckend mit erlog'nem Dräu'n der Zukunft,
Um sie von Dir hinweg, dem Syrier zu=
Zu ängstigen.

Lea.

Wer ist er?

Issaschar.

Tod den Beiden!

Johannes.

Hier ist er.

Lea.

Boas?

Volkshaufe.

Weh! Weh' über Boas!

Josuah.

Weh' über Simei's ganzes Haus!

Misael.

Ergreift sie!

Issaschar.

Werft sie vom Felsen ihren Freunden zu!
Eh' ist nicht Sicherheit für's Volk Modin's.

(Amri, von einem dritten, größern Volkshaufen begleitet, aus der Stadt.)

Amri.

Streut Asche auf das Haupt!

Dritter Volkshaufe (in großer Aufregung.)

Streut Asche! Asche!

Der Syrier kommt!

Lea (tritt vor.)

Volk von Modin —

Amri.

Bist Du

Die Retterin, so rette jetzt!

Dritter Volkshaufe (drohend).

Ja, rette!

Lea.

Volk von Modin, der Syrier dräut nicht mehr.
Und Du, Sohn Simei, Dein Verrath mißlang.
In unf'rer Hand sind Deines Plans Gesellen
Und abgeschlagen ist der Syrier.

Amri.

Der Syrier? Der Haufe — ha, was hilft's
Den Haufen? Schlag' die Heere von Beth Horon,
Die Heere von Ammaus tilg' uns aus!

Dritter Volkshaufe.

Die Heere von Beth Horon! von Ammaus!

Lea.

Der zwanzig Syrierheere hat vertilgt,
Lebt er nicht mehr, auch diese zu vertilgen?

Amri.

Und halt' des Königs Wagen auf, wenn er
Rückkehrt aus Persien von Elymais,
Da, wo der Tempel steht aus purem Gold,
Die Fenster von Demanten; jeder Zoll
Prägt hundert Krieger. Alles Volk umher
Schickt Sklavenhändler seinem Heere nach;
Das Kind im Mutterleib' schon ist verkauft.
Bist Du die Retterin, so rett' uns nun;
Bist Du erwählt, so zeig's jetzt, thu' ein Wunder!

Viele Stimmen aus dem dritten Volkshaufen.
Ja, rett' uns! Zeig's.

Der übrige dritte Volkshaufe.

Ein Wunder! Thu' ein Wunder!

Erster Volkshaufe

(indem er, der bis dahin auf der andern Seite stand, nach rechts auf Lea's Seite hinübergeht, um sich mit dem zweiten zum Schutze Lea's zu vereinigen. Amri und der dritte Volkshaufe zieht sich aus der Mitte nach links).

Der Herr mit Lea aus dem Stamme David!

Lea.

Schmach auf das Volk Modin's, wenn's Bess'res nicht
Will heißen, als der Stimme Tochter des
Verräthers! Lässt Du seine Läst'rung nach,
Der Dich will reißen in den eig'nen Abfall?
Was hat denn Simei für Dich gethan,
Daß Du die Seele seiner Hand vertraust?
Wie des Tyrannen Knechte hier den Altar
Erbauten, wie der Syrier Dir griff
Nach Deinem Gott, war's Boas, der Dir half?
War's Amri, der den Altar schlug, daß klingend
Das Bild des Greu'ls zerbrach? Nein, er berieth sich
Und sprach: süß ist das Leben.

Erster, zweiter Volkshaufe und Issaschar.

Er berieth sich —

Weh' über Simei!

Boas.

Herr, wer bin ich,

Daß ich vor Deinem Volke sprechen dürfte?
Und doch nimmst Du mir selber das Gewand
Der Demuth ab und setzest mir auf's Haupt,
Wie einen Helm, den Zorn zu zürnen des
Gerechten. Simei, mein Bruder kam
Zu geh'n zu opfern — ging er sonst um was,
Als um des Volkes Leben? War Antiochus
Der Aelt're ewig? Hatten wir nicht Ruh',
Bis daß sein Sohn den Scepter nahm und uns
Zurückgab unsern Gott und sein Gesetz?
Ist das nun besser, was Dein Judah that,
Daß er begann, was er nicht enden kann,

Daß er die Söhn' uns nimmt und wirft sie hin
Dem nimmersatten Syrierschwert zum Opfer?

Dritter Volkshaufe.

Daß er die Söhn' uns nimmt? Weh' über Judah!

Erster Volkshaufe.

Hosiannah Mattathias' Sohn! Hosiannah!

Lea.

O freilich hatten wir nicht Ruh', wenn Judah
Des Mann's der Demuth Bruder opfern ließ?
Ja, eben so, wie Du demüthig bist,
So, wie Dein Zorn gerecht, so wahr ging jener
Zu opfern, um sein Volk zu retten. Heuchler,
Den keine Scham mehr bändigt, rettet' er
Das Volk, wenn er es lockte von dem Herrn?
Nein; er verdarb's mit ewigem Verderben,
Wenn Judah nicht, den sich der Herr berief,
Das eig'ne Leben hinwarf in die Wage!

Erster, zweiter Volkshaufe und Issaschar.

Weh' Simei und seinem ganzen Haus!

Dritter Volkshaufe (steht ungewiß.)

Boas.

Den sich der Herr berief! Hat das der Herr,
Wer dann will Judah schmäh'n? Und hat er's nicht?
Sagt Judah's Mutter nicht: er hat's gethan?
Sitzt nicht ihr Hochmuth mit im Götterrath?
Wer weiß es anders? Hat nicht alles Volk
Gehört, wie Gott den Judah rief? Ist's nicht so?
Ihr sagt: wir haben nichts gehört; es redet
Der Herr von Angesicht nicht mehr mit Menschen,
Nur durch die Schrift und Bücher des Gesetzes?
Nun gut; so steht's geschrieben irgendwo?
Es steht geschrieben: retten will der Herr
Sein Volk zu seiner Zeit; Er will's, der Herr
Will's retten; sonst steht in den Schriften nichts.
Es steht nicht drin: der Judah soll es retten,

Noch irgend wer, denn nur der Herr. Und wenn
Er's will, braucht er den Judah? braucht er sonst wen?
Ist er nicht stark genug, es selbst zu retten?
Ist's Läst'rung nicht, zu sagen, daß der Herr
Den Judah dazu braucht, noch irgend wen?

Dritter Volkshaufe und Amri (immer drohender.)

's ist Lästerung! 's ist Lästerung!

Boas.

Nun wenn

Der Herr den Judah nicht bewegt, was sonst?
Hat er aus Lieb' zum Volk ihm vorgegriffen?
Denn vorgegriffen hat er ihm, wenn nicht
Der Herr ihn hat gerufen —

Dritter Volkshaufe und Amri

(immer drohender Lea auf den Leib rückend, indem von dem ersten und zweiten
Volkshaufen immer mehr von ihr zurücktreten. Issaschar, Josuah, Eliah,
Misael, Ruben verweilen am längsten bei Lea).

Ja; er hat

Ihm vorgegriffen! hat ihm vorgegriffen!

Lea.

Er hat ihm —

Amri (lachend).

Lieb' zu seinem Volk? Er hat's

Gehaßt, er hat's verspottet, hat's verachtet.

Lea.

Wagt man —

Dritter Volkshaufe.

Er hat's verspottet! hat's verachtet!

Lea.

Sein Leben für den Feind?

Dritter Volkshaufe (immer aufgeregter.)

Er hat's! er hat's!

Boas.

Gott selbst gab Israel in Feindes Hand,
Wo's bleiben soll, bis er es selbst errettet.

Mit Scorpionen wird er's züchtigen,
Ausschütten all sein Mark! Weh', weh dem Samen
Von Jacob, weh' dem Volk von Israel,
Kehrt's nicht freiwillig unter seine Hand!

Die Meisten aus dem Volke.

Weh' Jacob! weh' dem Volk von Israel,
Kehrt's nicht freiwillig unter seine Hand!

Lea (steht verlassen.)

Weh' Jakob! weh' dem Volk von Israel,
Folgt es dem Rathe der Abtrünnigen!
Verblendet Volk, hör' meine Stimme —

Amri.

Fort!
Der Syrier steht am Passe; laßt ihn ein!

Volk.

Ja! fort zum Syrier und laßt ihn ein!

Lea (hat ihnen den Paß abgewonnen, Joarim und Benjamin an den Händen).

Zurück! Nie! Nimmermehr! Und sollt' ich selbst
Der Pforte Riegel sein, dahingestreckt
Zur Erde diesen Leib, der Israel's
Erretter trug! Zwei Kinder und ein Weib
Zertretet erst!

Amri.

Noch haltet. Woran wird
Der Syrier in uns den Freund erkennen,
Daß er uns nicht mit seinen Feinden tödte?

Volk.

Ja, sprich, woran?
(In der Scene immer näher kommend Musik von Zymbeln, Flöten, Pauken.)

Lea (reißt die Kinder an sich).

Ha! ich versteh' sein Aug'.
Wachs't fest an meiner Brust! Eh' reiß' der Tiger
In Stücken uns, eh' er uns lebend trennt!

Amri.

Bring' ihm des Judah Brüder, daß er sich
An ihnen räche! Ueber ihrem Haupt
Mach' unsern Bund, Herr, mit dem Syrier.

Lea (indem Amri die Kinder ihr nehmen will).

O nun ein Wunder! Herr, ein Zeichen, bist Du
Mit Lea's Sohn! Ein Zeichen, Herr! sonst war
Ein Traum nur Dein Gesicht!

Amri.

Gieb sie gutwillig!

(Aus der Stadt kommen rosenbekränzte Jungfrauen, auf Flöten, Zymbeln, Pauken
musicirend, hinter ihnen rosenbekränzte Kinder, Frauen, Greise im feierlichen Zug;
zuletzt **Simon**. Große Bewegung unter dem Volke.)

Boas.

Was kommt dort?

Aaron.

Festlicher Gesang.

Amri.

Was soll
Die Thorheit?

Aaron.

Will das Volk den Retter preisen?

Lea.

Sie sind nicht aus Modin.

Johannes.

O wär' es Judah!

Lea (aufschreiend).

Es war kein Traum! Ha Sieg!

Die Jungfrauen.

Sieg! Sieg!

Boas.

Verflucht!

Johannes.

Simon!

Simon.

Wir bringen Sieg. Mit Deinem Judah
Der Gott der Zebaoth!

Amri.

Brust, Brust, bleib' ganz!
Der Judah Sieger? Thoren! Bei Beth Horon
Dort steht der Herr, die Wag' in seiner Hand,
Und wägt sein Volk und in der Syrier Schale
Wirft er noch seines Zorns Gewicht. Der Herr
Wird richten!

Simon.

Wird? Schon hat der Herr gerichtet.
Der Syrier Hunderttausend wogen leicht;
Der Herr warf sein Gewicht in Judah's Schale.
Der Judah rief den Herrn, da wandelte
Ein Rauschen in den Palmen über ihm
Und wirbelte den Sand empor und warf ihn
Den Syriern in die Augen, daß sie blind
Des Judah Schwert nur fühlten und nicht seh'n.

Lea.

Der Herr geht vor dem Judah her, hört Ihr?
Der Herr gehorcht, wenn ihn der Judah ruft!

Erster Volkshaufe (wieder um Lea).

Er ist! er ist! der Herr ist mit dem Judah!

Amri.

Unselige, was raf't Ihr da? Ein Kind
War bei Beth Horon Syriens Heer; so wie
Ein reis'ger Mann gegen ein Kind, so ist
Das Heer, das bei Ammaus steht, gegen
Das von Beth Horon. Nicht die Waffen braucht's.
Wenn sie vom Jordan trinken, wird er leer;
Sie athmen, und die Luft ist weggeathmet
Ueber Israel; all sein Vieh verschlingt
Ein Mahl; vor ihrem Auftritt bebt die Erde;
Der Wind von ihrem Schrei wirft Judah schon.

Der Herr läßt sich mit Glück den Frevler mästen,
Eh' er ihn schlachtet zu der Rache Mahl.
Und er wird richten! bei Ammaus wird
Er richten.

Simon.

Dort gerichtet hat er schon,
Dort bei Ammaus hat der Herr gerichtet!
Wer zeigt die Stoppeln noch von ihrer Saat?

Issaschar.

Weh', Weh' und Tod dem Hause Simei!

Lea.

Der Herr setzt Judah auf des Herren Stuhl
Und läßt ihn richten über Syrien.
Judah ist mehr, als Menschen sind; er ist
Aus Erde nicht geschaffen!

Amri.

Einen Fluch,
Der mich erleichtert! Noch nicht. Kehren laß'
Antiochus von Elymais erst.

Simon.

Er ist gekehrt —

Amri.

Und wird Euch schrecklich richten!

Simon.

Niemand mehr richtet, den der Herr gerichtet;
Denn unterwegs schlug ihn des Herren Hand,
Warf todt ihn von dem Wagen auf das Feld;
Ein Denkmal: Seht; so straft der Herr Tyrannen!

Lea.

G'nügt Dir dies Wunder, wunderhungrig Volk?

Issaschar.

Tod über Boas; über Amri; Tod
Ueber Simei's ganzes Haus!

Volk.

Er sterbe!

Iſſaſchar.

Reißt ſie aus ihren Häuſern! Steinigt ſie!

Volk (indem ſie die Simeiten ergreifen).

Ja, ſteinigt ſie!

Iſſaſchar.

Hier mit des Altars Steinen,
Auf denen Simei geſündigt hat.

Volk.

Laßt keinen flieh'n!

Naemi (ſtehend den Saum von Lea's Mantel faſſend).

Herrin!

Lea.

Was geht die Tochter

Boas' mich an? Fort!

Volk.

Boas' Tochter? Hin

Mit ihr zum Tod, mit Boas ganzem Haus!

Simon.

Herrin, rett' Judah's Weib!

Lea.

Aus Königstöchtern

Wählt Judah ſich ſein Weib. Willſt Du den Zorn
Des Herrn verew'gen? Wer, wenn zu Gericht
Er geht mit ſeinen Feinden, hindert ihn?
Nun auf, Ihr Frau'n von Iſrael, zum Reih'n,
Zum Siegesreih'n mit Zymbeln und mit Pauken!

(Sie nimmt einer von den Frauen die Zymbeln, ſetzt ſich an die Spitze des Zuges
und führt ihn zymbelſchlagend linksum über die Bühne.)

Naemi (indem ſie fortgeriſſen wird).

Ich bin des Judah Weib! Um Judah's willen!
Die Menſchen hören nichts; hör' Du mich, Herr!

Volk
(hat die Simeiten auf die Knie' geriſſen, hält die Hände über ſie):

Nieder! Ihr Blut über ihr Haupt! Sie haben
Den Herrn geläſtert!

(Sie laufen zurück, um Steine zu holen).

Boas (knieend).

Halt!

Amri (ebenso).
Ein Bote!

Boas.

Hört
Den Boten erst!

Nathan (kommt aus dem Thore).
Weh' Israel!

Amri.

Ha, Rettung!

Lea (den Zug aufhaltend).
Ein Bote? (ihm entgegen). Welchen neuen Sieg kommst Du
Zu melden?

Amri.
Keine Taube mit dem Oelblatt!
Ein Hiobsbote!

Nathan.
Weh' Dir, Israel!
Antiochus zieht auf Jerusalem.

Lea (nimmt eine Spange von ihrem Gewand).
Da, nimm das Kleinod hier für Deinen Scherz
Und gieb uns seinen Kern! Welch neuer Sieg
Lieh Deinen Athem?

Nathan.
Ist's ein Scherz, so ist's
Ein blut'ger, den nur Wahnsinn kann belachen.
Antiochus —

Lea.
Wenn Du nicht scherzest, lügst Du.
Doch viel zu ungeschickt, um uns zu täuschen,
Sagst Du: die Todten ziehen in das Feld!

Nathan.
Der Junge ist's, der Alte nicht; er zieht —

Lea.

Noch beffer! Thor, Du weißt nicht, daß der Junge
Israel's Freund ist? Nun, so kommt er denn,
Bekehrt von Eleazar zu den Unsern,
Um Judah zu begrüßen.

Nathan.

Feindlich kommt er;
Sein Liebling Ajax, ein Abtrünniger
Aus Israel, ist seines Zuges Seele.
Er hat den König uns zum Feind gemacht.
Schon zieht er auf Jerusalem.

Lea.

Er komme!
Dort bei Ammaus steht der starke Judah;
Er mag nur kommen; er wird wieder geh'n!

Nathan,

Dort bei Ammaus steht kein Judah mehr —
Unaufgehalten zieht Antiochus
Mit seinem Volke nach Jerusalem;
Dort herrscht der Hunger und die Pest; es kann
Sich keinen Tag lang halten gegen ihn.

Jojakim (aus der Stadt).

Heil Israel!

Lea (zu Nathan).

Hörst Du?

Jojakim.

Du bist gerettet!

Lea.

Nun scherze weiter.

Jojakim.

Judah —

Lea.

Hat gesiegt —

Jojakim.

Den Frevler schlug der Herr —

Lea.

Den Syrier.

Jojakim.

Den Judah. Gott verwarf ihn!

Nathan.

Hörst Du's nun?

Lea.

Sie rasen —

Jojakim.

Den Verruchten, der das Volk
Am Tag des heil'gen Sabbaths kämpfen hieß.
Doch Jojakim schuf, daß sie wehrlos starben.

Lea.

Wahnsinniger! Er hat das Volk verderbt
Und rühmt sich noch der That. Zum Tod mit ihm!

(Niemand gehorcht; das Volk verläßt Einer um den Andern Lea.)

Jojakim.

Du hast's verderbt. Verfluchter noch als Cain,
Hat dieses Weib sein ganzes Volk erschlagen!

Lea.

Was steht Ihr bleich? Verloren ist noch nichts;
Hinausgerückt nur ist das Ziel, damit sich
Des Herren Wort erfülle. Noch ist nichts
Verloren, noch lebt Eleazar!

Jojakim.

Ajax —

Lea.

Verflucht er und sein ganzes Haus! In Martern
Müss' ihn die Mutter sterben seh'n! —

Simon.

Halt' ein —

Jojakim.

Fluche nur zu!

Lea.

Nenn' mir ihn nicht. Noch lebt
Ein Richter ihm und nun ist seine Zeit,
Der Tag, an dem er fragt: Ist Juda größer?
Ihn und nicht Judah krönte das Gesicht.
Nun wird er aufersteh'n, wie die Sonne wird
Er aufersteh'n, wie die Sonne wird er wandeln
In seiner Thaten Glanz. Judah war nur,
Der vor ihm herging, nur ein Stern der Nacht,
Doch Eleazar wird die Sonne sein!
Er wird ihn fassen, den Abtrünnigen!

Jojakim (auflachend).

Den Ajax Eleazar?

Lea.

Ihn und Dich.

Simon.

Weh' mir und Dir, daß so des Vaters Wort
Zur Wahrheit wird!

Lea.

Was willst Du, Thor? Welch' Wort?

Simon.

Du selber müßtest einst dem Liebling fluchen.

Lea.

Du rasest —

Simon.

Ajax ist Dein Eleazar.
(Alles weicht entsetzt einen Schritt zurück.)
Bei meiner Brüder Leben! selber sah
Ich ihn in Jericho, da ich verkleidet
Als Späher dort verweilt.

Lea (steht ganz verlassen).

Weh'! — Wer ruft Weh'
Hier, wo die Sieger jubeln? Steht Ihr bleich?

Ist's Sitte, bleich sein, wenn ein Rabe krächzt?
Auf, Töchter Israel's, zum Siegesreih'n!
(Sie thut einige Schritte; der Zug bleibt vor Entsetzen stehn; sie selbst, wie sie sich
auf den Gesichtern orientirt, wie erstarrend.)
Weh' mir und weh' dem Tag, an dem ich ward!
(Sie zerreißt ihr Gewand.)

Jojakim.

Er sollte König sein; nun ist er's. Schreckt
Dich Deines Hochmuthstraums Erfüllung nun?

Lea.

So wär' des Herren Wort? — zweideutig Heil
Vorspiegelnd, doch Verderben —

Simon.

Nein, er hält
Sein Wort; ob uns zum Lohn, ob uns zur Strafe,
Giebt er in uns're eig'ne Hand.

Lea (lachend gen Himmel).
Ich hab'
Noch Kinder!
Amri (reißt ihr Jojakim von den Händen und führt
ihn nach links, wo er gleich festgehalten und abgeführt wird).
Nun nicht mehr.

Simon
(stürzt auf ihn zu, als Amri auch Benjamin nehmen will).
Verruchter, fort
Die Hand —

Amri.
Auch Du kommst mit. Ergreift ihn, Männer!
(Sie thun's.)
Und jenen! (Johannes, auf den er zeigt, wird gepackt; Nun reißt er selbst auch
Benjamin von ihrer Seite und eilt mit ihm ab.)

Lea
(will nach; die noch zurückgebliebenen Männer halten sie zurück).
Meine Kinder!

Amri (im Abeilen).

Hol' sie Dir
Beim König! (Mit seiner Partei und den Gefangenen ab.)

Lea.

Meine Kinder!
(Will nach; indem sie erschöpft zu Boden sinkt und die Jungfrauen sich um
sie bemühen.)

Meine Kinder!

Vorhang fällt. Ende des dritten Akts.

Vierter Akt.

Auf dem Wege von Modin nach Jerusalem.

Mehre Felswege kreuzen sich unter Sykomoren und Granaten. Schroffe Felswände zu beiden Seiten. Vorn rechts eine große Sykomore; links ein Granatenbusch. Hinten Jerusalem. Es dämmert.

Aaron und **Gefolge** mit dem gefangenen **Johannes**.
Aaron.
Hier haltet einen Augenblick, bis Amri
Uns mit den Kleinen eingeholt.

Amri und **Gefolge**, in dessen Mitte **Joarim** und **Benjamin**.
Amri.
Wo ist
Mein Oheim?

Aaron.
Herr, voraus.
Amri.
Hier laßt uns rasten!
Benjamin (zu Joarim).
Dort kommt die Mutter. Wer ist's, der sie führt?
Joarim.
Sie wankt' und fiel und rafft' sich wieder auf

Und fiel von Neuem —

Johannes.

Welch' ein Anblick!

Joarim.

Da

Erbarmte sich ein ährenlesend Mädchen
Und lief herzu und hob sie auf.

Johannes.

O seht!

Zerrissen das Gewand; wie ein Gewölk'
Vom Wind gepeitscht das Haar um ihre Schläfe;
Vom öftern Stürzen auf den Felsenkanten
Das Antlitz blutig und voll Staub!

Benjamin.

Ach, Mutter!

Joarim.

Du arme Mutter!

Lea (erst noch in der Scene).

Weile, blut'ger Amri!

Amri.

Still, Brut, wenn sie am Leben bleiben soll.
Bei Simei! der Schwur ist heilig. Fort!
(Er winkt; Amri's und ein Theil von Aaron's Gefolge mit den Kindern ab).
So ächzt der Kibitz hinter seiner Brut.
Erst macht es Spaß mir, doch nun Langeweile.
Schnell fort, daß sie zurückbleibt!
(bleibt stehen und packt Aaron).

Daß der Herr
Dich treffe, Knecht! wo hast den Simon Du,
Den Aeltesten?

Aaron.

Du bist nicht wüthender,
Als ich, und ich nicht schuldiger, als Du.

6*

Amri.

Nicht schuldiger, tilg' ich mit diesem Messer
Die Schulden Dir!

Aaron.

Erst höre, wie's geschah.
Dort, wo der steilste Fels auf schmalstem Weg
Uns Mann nach Mann zu gehen zwang, dort sprang er,
Wo die Gazelle nicht zu springen wagt —

Amri.

Und Keiner hielt ihn?

Aaron.

Doch. Assarja,
Der Nächste hinter ihm; ihn riß er mit
Und — lebt er? ist er todt? ich weiß es nicht.

Lea (tritt auf, von einem Mädchen geführt).

Häuf' nicht des Rächers Grimm! gieb mir die Kinder,
Daß er dich schone!

Amri.

Machst auch Du den Kopf
Mir warm?

Lea.

Wo seid Ihr?

Amri.

Hörst Du? Bleib' zurück!

Lea.

Johannes! Benjamin! Hört Ihr?

Amri.

Ich will
Mir Ruhe schaffen. Bindet mir das Weib
Dort an die Sykomore!

Lea.

Binden? Mich,
Die schon die Schwäche bindet?

Amri.
Schnell! Hierher!
(Sie wird ergriffen; das Mädchen flieht).

Lea.

Thu's nicht! Thu's nicht! Der Herr wird es nicht dulden,'
Daß Du es thust. — Läßst Du die Luft doch mitgeh'n;
Sieh' die Gedanken könnt'st Du mir nicht binden,
Daß sie nicht folgten Deinem Schritt, und sieh',
So still wie ein Gedanke will ich sein.
Nicht einmal bitten will ich mehr!

Amri
(zeigt an die vordere Seite des Stammes der Sykomore).

Hierher.

Vorwärts! (zu Einem). Nicht weinen sollst Du, binden, Schurke!

Lea (während sie hingeschleppt und gebunden wird.);

Unmenschen, ein ohnmächtig Weib zu binden!
Nein, nicht Unmenschen! denn Ihr könnt's ja nicht.
Seht, hier sind meine Hände; wie ein Kind
Laß' ich mich binden; denn Ihr könnt's ja nicht.
Und hättet Ihr's gethan, Ihr fluchtet Euch
Vor Mitleid selbst und schnittet wieder auf —

Amri.

Lernt Hochmuth selber betteln?

Lea.

Sieh', wie ruhig
Dein Schmäh'n ich trage.

Amri.

Schwäche ist geduldig.

Lea.

Mann, weine nicht; wenn Du um mich weinst, was
Soll ich dann um die Kinder thun? Wenn Du
Nur seufzest, müßt' ich untergeh'n in Thränen.

Amri.

Uns sieh'st Du nicht in Thränen weich; versuch's
Nun mit dem Strang! vielleicht reißt er aus Mitleid.
(Amri, Aaron und Gefolge geh'n).

(**Naemi** tritt mit dem Mädchen auf, das auf **Lea** zeigt.)

Lea.

Ich weiß, Ihr könnt nicht geh'n, nicht so mich lassen —

Naemi.

Sie ist's! ich danke Dir.

(Mädchen geht.)

O, welch' ein Anblick!

Lea.

Weh' mir! was ist's so still? Sie sind gegangen,
Und ich — was folg' ich nicht? Elendes Seil,
Willst Du die Mutter von den Kindern trennen?
Sieh', was die Mutterliebe kann; so reiß'
Ich Dich in Stücken!

(Vergebliche Anstrengung; es wird Nacht.)

Weh' mir! So allein
Im wilden Felsenthal muß ich verschmachten
Und meine Kinder sterben fern von mir!

Naemi.

Ich knüpf' sie los. O Hände, zittert nicht!

Lea.

Wer spricht hier? Wem gehört die Helferhand?
Wer knüpft mich los? Auf meinen Händen fühl'
Ich Thränen; weiche Locken fallen d'rauf.
O, das sind Haare, so wie Joarim's,
Ein Veilchenathem, so wie Benjamin's.
O, wer Du bist, wenn Du kein Engel bist,
Laß' Deine Mutter nicht! laß Dich nicht stehlen!
Sieh', auf den Knieen, wär' ich frei, läg' ich
Vor Dir: o Kind, gehorch' ihr, ist sie doch
Die Brust nur und Du bist das Herz darin.
Doch redet sie von Größe, hör' sie nicht!
Ist ihr der Thron zu niedrig, Größe selbst
Nicht groß genug für Dich, hör's nicht; jed' Wort
Zuckt tausend Schwerter einst auf Dich und sie.
Und rief' der Herr Dich selbst, o hör' es nicht!

Wir müſſen thun nach unſerm Wort; er thut,
Was ihm gefällt; wer rechtet mit dem Herrn?
Er zieht den Vorhang ſeiner Wolken zu,
So wie die Mächtigen der Welt es thun;
Stürm' Deine Klage hin, Du Leidender;
Schrei' auf um Unrecht, das ſie Dir gethan;
Sie lächeln ihrer Macht und hören's nicht!

Naemi.

Ein Arm iſt frei.

Lea.

O Kinder! meine Kinder!

Ihr ſolltet Helden, ſolltet Kön'ge ſein; —
O wär't Ihr Bettler, doch ich hätt' Euch hier,
Wär't Ihr verachtet, doch in meinen Armen,
Wär't Ihr verabſcheut, doch an meiner Bruſt!

(Sie iſt losgebunden).

Herr, was ſtrafſt Du die Kinder? ſtrafe mich!
Such' meine Schuld, Herr, an mir ſelber heim!
Was ſchläft Dein Donner? Herr, ruf' Deinem Blitz!
Laß Deine Winde raſen, Dein Geſchoß,
Den Hagel, wirf nach mir; ſieh', ſelber bahn'
Ich Deinen Fluthen einen Weg zu mir!

(Sie reißt ihr Obergewand ab).

Fort, Spangen! Fluch, was glänzt und was verlockt!
Verflucht ſei Größe, außen ſtrahlenblendend,
Innnen voll Dornen! Ruhm, verflucht ſei'ſt Du,
Ein Treiber ohn' Erbarmen! Winde, peitſcht

(Sie reißt die Haare los).

Mit meinen eig'nen Haaren mich! — O ſtill:
Ein Hamſter ſchleicht zu ſeinem Neſt; er hat
Die Backen vollgefüllt für ſeine Kinder.
Der Vogel auf dem Zweig ſchrickt aus dem Schlaf;
Ein Habicht hat die Kinder ihm geraubt,
So träumt er, und er rafft ſich auf, der Schwache,
Vom Starken ſie zu retten. Seht mich, Mütter

In Feld und Wald, am Himmel und auf Erden,
Hier eine Mutter, unnatürlich, wie
Sonst keine! Sieben Söhne, wie sie nie
Ein Mutterauge schöner sah, hat sie,
Sie selbst verderbt! Helft mir der Tig'rin fluchen!
O, keine Tig'rin hätte das gethan! —
Der am einsamen Bett der Hindin steht,
Ihr aushilft in der Stunde der Geburt,
Wenn ihre Seele zagt, Herr, sieh' verblutend
Ein Mutterherz aus sieben Todeswunden,
Das ganze Weib Ein brechend Mutterherz,
Und sprich: es ist genug! (Sie sinkt zusammen).

Naemi (sie haltend).

Herrin, Du sinkst,
Erquicke Dich an diesem Quell.

Lea (matt).

Wer spricht?
Die Aehrenleserin, die heut' mich aufhob
Und führte? Geh' und sei gesegnet; ist's
Auch nur der Segen eines armen Weibes.
Geh' heim; ich bleibe hier; ich will hier sterben.

Naemi.

Von ihrem Schmerz erfüllt, kennt sie mich nicht.
Trink', Herrin!

Lea.

Deine Stimme thut mir weh.
Geh', Mädchen! Mädchen? Nein, Du bist kein Mensch!
Die Mutter trinken, wenn die Kinder schmachten?

Naemi.

Um Deiner Kinder willen stärke Dich,
Daß Du sie rettest!

Lea (wie erschreckt).
Rettest? Was sagst Du?
Sie rettest?

Naemi.

Iſt der König doch ein Menſch;
Er wird die Kinder Deinem Fleh'n nicht weigern.

Lea.

Er wird — biſt Du ein Engel? wird er? ja!
Er wird! Kennteſt Du meinen Benjamin;
Säh'ſt Du ihn lächeln, o Du müßteſt ſagen:
Er kann den Kindern nichts zu leide thun!
Fort! Weh' mir! Nun ich retten könnte, bin ich
Gelähmt.

Naemi.

Hier trinke, daß Dein Geiſt zurückkehrt
Zu Dir. Ich führe Dich und, wirſt Du matter,
So trag' ich Dich —

Lea.

Gieb! Gieb den Trank. Vergebt
Mir, Kinder; daß ich trinke! (Sie trinkt) Trink' ich doch
Nur, Euch zu retten. — Sieh', nun bin ich ſtark.
Doch wohin führt der Weg zum Syrier nun?

Naemi.

Schon ſuch' ich ihn. Hörſt Du die fernen Klänge?
Ein Bußpſalm — dorther kommt er, wo das Licht
Der Nacht den milden Silberduft ſich ſelbſt
Voranſchickt und den breiten, dunkeln Hügel
Abzeichnet, hinter dem's heraufkommt. Dort
Der Hügel muß der Oelberg ſein, dort liegt
Jeruſalem —

Lea.

Die Stimme! Das iſt nicht
Die Aehrenleſerin —

Naemi.

Und dort im Thal
Seh' ich des Königs Zelte ſchimmern. Komm
Den Weg hier; ſchon wird's hell.

.(Der Mond geht über Jeruſalem auf).

Lea.

Du bist Naemi!
Was willst Du dort?

Naemi.

Die Kinder retten.

Lea.

Du?
Fort! sei barmherzig! — Du, die ich gehaßt?
Die ich verfolgt?

Naemi.

Du mußtest mich verfolgen,
Damit Du endlich meine Treue säh'st.

Lea.

Dem Glücke folg'; ich hab' nichts mehr zu geben.
Zu Deinem Vater geh', zu seinen Göttern!

Naemi.

Ich geh' mit Dir, wohin Dein Fuß Dich führt.
Dein Gott ist mein Gott; wo Du stirbst, da sterb'
Ich auch; da will ich auch begraben sein.
Kehr' Dich nicht weg. So wahr der Herr lebt, nur
Der Tod soll mich von Judah's Mutter scheiden.
(Lea sinkt vor ihr auf die Knie.)

Naemi.

Was thust Du, Herrin?

Lea.

Laß mich! Du bist besser
Als ich. Vergieb mir und dann segne mich,
Damit ich gehe!

Naemi.

Ohne mich?

Lea.

Wohin
Ging' ich von nun, daß Du nicht mit mir gingest
Als meiner Seele bess'rer Theil? O sieh',
Schon hab' ich meiner armen Kinder Erbe

An Dich gegeben, meine letzten Thränen. —
Soll Dich, das schöne, junge Weib, das Aug'
Der rohen Krieger seh'n? Nein, bleibe hier
Und warte mein; bald kehr' ich mit den Kindern.

Naemi.

Gehorsam Deinem Worte bleibt Naemi,
Und es geleiten Dich des Herren Engel!
(Sie führt sie ab. Von der andern Seite kommen Judah, Aßel und einige
Krieger.)

Judah (zu den Kriegern im Auftreten).

Schnell fort und ruft's durch's ganze Israel;
Ich schleiche nach Jerusalem mich durch.
Dort herrscht der Hunger und die Pest; doch hat
Die Herzen nur die Noth noch nicht gelähmt
Und kann ich's halten, bis Ihr Hülfe bringt,
Dann, Syrier, sitz' fest auf Deinem Thron,
Sonst schüttelt Judah Dich wie reifes Obst!
(Die Krieger gehen; Naemi kommt zurück.)

Naemi.

Hier im Granatenbusch will ich mich setzen,
Doch schlafen nicht; sonst säh' ich sie nicht kehren.

Judah (einige Schritte nach hinten).

Wie Sicherheit hier mit bequemem Flügel
Dies Lager brütet. Kein Verhau! Kein Graben!
Ist Judah todt? Ist er ein Thor geworden,
Daß man ihn höhnen darf? Geduld, bis Dir
Die ausgefall'nen Schwingen wieder wachsen;
Dann zahl' die neue Schuld ihm mit der alten.
Nun nach Jerusalem!

Naemi (aufschreckend).

Es nahen Männer
Die Stimme — ja er ist's!
(Sprachlos zu seinen Füßen.)

Judah.

Was will dies Weib?

Naemi.

Mein Herr!

Judah (überrascht, er hebt sie auf).

Röslein von Saron! Lilie
Im Garten Salomo!

Naemi (weinend).

Voll Staub und Blut —

Judah.

Nichts; nur mein Bett hat abgefärbt.

Naemi.

Du schliefst
Auf Stein, mein armer Herr? und ohne Polster?

Judah.

Wie Mancher schlief die Nacht gar ohne Kopf.

Naemi (lachend).

Daß ich Dich wieder habe, lieber Herr!

Judah (sie an sich drückend).

Blüh' auf, mein Röschen, blüh'; hier ist Dein Boden.

Naemi.

So schlug die Nachtigall, wie Du zuerst
Hierher mich pflanztest, und so wob der Mond
Um sie und den Granatbusch all' sein Gold.

Judah.

Und doch, mein Röschen, Deine Nachtigall
Um einen Mund voll Brod, all' Deinen Mondschein
Um einen Becher Wein, und wär' er sauer!

Naemi.

Du Armer hungerst und ich habe nichts!

Judah.

Hör', Uriel, ein Räthsel. Sprich, was ist's?
Der Männer hunderttausend sprengen's nicht,
Doch füllt ein einzig flüsternd Weib es aus. —

Doch wie kommst Du hierher? Was macht meine Mutter?
Was meine Brüder?

Naemi.

Deine Brüder sind —

Beim Syrier.

Judah.

Mehr, als ich fürchtete.

Und meine Mutter? wo, als bei den Kindern?
Wie? ja, ich traf's?

Naemi.

Sie hofft —

Judah.

Sie hofft —? Kein Weib

War weiser, keine Mutter thörichter!
(Zu Usiel.)
Ich eile nach Jerusalem; hörst Du
Uns aus den Thoren brechen, wirf Dein Häuflein
Vom Fels in ihre Sicherheit. Vom Syrier
Hoffst Du die Kinder, Mutter? Selbst ein Kind
In Deinem Wahn. Der Syrier wird sie geben
Nicht Deinem Fleh'n, doch Deines Judah Schwert!
(Will geh'n, bleibt.)
Und wenn — nein — bleib' — hinunter, Herz; ich kann
Nicht helfen, Mutter! Mit Jerusalem
Ist Israel verloren. Nein; ich darf
Das Spiel nicht wagen. Hier verblute, Mensch
In Judah; wohn' von hier in Dir allein,
Errettung Israel's, des Judah Seele!
Ich lasse Dich im Schutze Usiel's,
Mein Weib. Leb' wohl! Vielleicht seh'n wir uns wieder.

Naemi.

Nie, wenn Du mit Vielleicht Naemi tödtest!
Herr, wer giebt Dir das Recht, allein zu sterben?
Ich geh' mit Dir; mein Leben ist in Deinem.

Judah.

Nicht sterben, leben will ich! Geh'! Leb' wohl!

(Er geht einige Schritte nach hinten, Usiel und Naemi nach der Seite; er bleibt
steh'n und wendet sich unwillkürlich noch einmal nach Naemi; er schämt sich, den
wahren Grund seines Umwendens merken zu lassen und ruft:)

Usiel!

        Usiel (indem er und Naemi sich wenden).

Ja, Herr; was willst Du?

        Judah.

                Nichts; es kam

Mir ein Gedanke nur, doch nahm ich ihn
Zurück.

        (Naemi sprachlos in seinen Armen.)

Röslein von Saron — (Er bezwingt sich). Geh'! Leb' wohl!

(Er macht sich los und geht rasch nach hinten, Usiel und Naemi nach der Seite ab.)

Verwandlung.

Eine Straße in Jerusalem mit Aussicht nach dem Tempel; Mondschein, Gewitterwolken am Himmel.

Hungernde und Kranke vor den Thüren, vorn ein Weib
mit einem Kinde und ein Greis.

Simon von der einen, **Jonathan** von der andern Seite, seh'n sich, wenden sich
traurig ab, dann fallen sie sich schluchzend in die Arme.

        Simon.

O daß ich nie entrann den Händen Amri's!

        Jonathan.

O Simon!

Simon.

Jonathan!

Jonathan.
Alles verloren!

Durch Zion's Gassen rief ich auf zur Wehr —
Keine Antwort, kaum ein Blick, der matt sich hob,
Als wollt' er fragen: Wer stört mich im Sterben?
Und schwach zurückfiel, eh' er mich erreicht.

Simon.

Kein lebend Menschenaug' sah, was das meine
Den kurzen Weg durch Akra's Straßen sah.
Hier todt ein junges Weib, das Kind verschmachtend
An ihrer Brust und über sie hinweg
Lacht wild der Wahnsinn aus dem Aug' des Gatten.

Jonathan.

Ich sah, wie Sterbende sich niederlegten
Gleichgültig so, als wär's zum Schlaf, und Leichen
Zum Polster nahmen für ihr Haupt, um Andern
Denselben Dienst zu leisten.

Simon.
Hunger dient

Der Pest, und die dem Tod, schrecklich wetteifernd
In ihres Dienstes Hast; und wo nicht Tod,
Da schaut Verzweiflung aus den stieren Augen.
Sie haben keinen Fluch mehr, keine Thränen.
Der Feind pocht an das Thor; sie hören's nicht.
Kein Ruf weckt die lebend'gen Leichen mehr.

Das Weib
(zu Jonathan, sein Gewand fassend).

O, einen Bissen nur! Sieh', Herr, mein Kind
Verschmachtet. Einen Bissen nur, und wär' er
So, daß Dein Hund ihn ekelnd liegen ließ!

Jonathan (reißt sich los, schmerzlich).

Unglückliche, wer giebt mir, Euch zu geben?

Wollt' ich von meinem eig'nen Fleisch Dir geben,
Nicht soviel ließ mir Hunger, Dich zu sätt'gen.

Das Weib.

Um Deines Bruders Judah willen, Herr!
Meine Mutter, Herr, und meine sieben Brüder,
Sie hofften bis zum letzten Augenblick:
Käm' Judah nur, dann wären wir gerettet.
Sie starben Alle, und kein Judah kam.

Jonathan.

Unglückliche, hier hilft kein Judah mehr!

Greis (ohne sich zu bewegen).

Kommt Judah?

Weib.

Hörst Du, Herr? er hörte uns
Den Judah nennen. Nein, mein armer Vater!

Simon.

Was ist das? Hörst Du? Fernes Schrei'n —

Jonathan.

Das ist

Der Syrier, der uns're Schwäche nutzt.
Auf, Volk Jerusalems! der Syrier stürmt!
Auf! zu den Mauern, Krieger!

Simon.

Ruf' die Steine:
Sie hören Dich; doch diese Leichen nicht.

Jonathan.

Schon naht der Lärm; er ist schon in den Mauern.
Herr, was beginnen?

Simon.

Frag' die Weisen hier;
Beredt ist ihre stumme Antwort: sterben!

Jonathan.

Doch das ist weder Kriegsgeschrei noch Weh'ruf!

Simon.

's ist Jubel —

Jonathan.

Näher kommt's. Sie rufen —

Volk (erst noch in der Scene ganz fern.)

Judah!

Jonathan.

Deutlich hör' ich den Ruf: er ist's!

Volk.

Er ist's!

Die Herumliegenden (halb aufgerichtet).

Der Judah?

Weib (zum Greise),

Hörst Du, Vater? Judah kommt!

Greis.

Der Judah — (Er stirbt).

Weib.

Herr, er stirbt! Weh' mir, er stirbt
Und hat den Judah nicht geseh'n!

Volk (näher jubelnd).

Er ist's!
(Die Herumliegenden sitzen voll Spannung; manche raffen sich auf).

Simon.

Aufrafft sich, was halbtodt schon lag; nur Einer
Ist auf der Welt, der das vermag.

Volk (näher.)

Der Judah!

Der Vater!

Weib.

Ja, er ist's!

Die Uebrigen (sich aufraffend).
Er ist's!

Weib (zu ihrem Kinde, das sie hoch hebt).
Schau', Joel,
Mein Knäblein, Judah, unser Aller Vater!

Jonathan.
Sieh', wie sie seine Knie umfassen. Kaum
Kann er den Fuß erheben. Lachend, schluchzend,
Wie Kinder zu dem lang vermißten Vater,
Dursten sie auf zu seinem Heldenantlitz
Und trinken Muth aus ihm.

Simon.
Sieh', wie dies Weib
Mit ausgezehrtem Arm ihr Kind erhebt,
Daß es ihn seh'!

Jonathan.
Todtkranke Greise schleppen
Sich mit der letzten Kraft in seinen Weg,
Nur um des Helden Kleider zu berühren.
O Schauspiel sonder Gleichen! Wunderanblick!
So wie ein Adler seine Kinder trägt,
So trägt er Israel auf seinen Schwingen.
Wie hinter Scherzen er sein Mitleid birgt,
Der Mann, der seine Tugenden verhüllt,
Daß uns're Armuth nicht an sich verzweif'le!

Simon.
Willkommen, großes Herz von Israel!
Laß uns entgegen, wenn es möglich ist,
Dies Volksmeer zu durchschwimmen! (Beide ab.)

Volk
(hereindringend, durcheinander. Die Frauen ihre Schleier schwingend).

Hosiannah!
Hosiannah in der Höh'! Judah, der Vater!

Judah tritt auf mit **Simon** und **Jonathan.** Das Volk kämpft darum, an
seinem Weg knieend, seine Kleider zu berühren).

Judah.
Mein Volk —

Volk (wie vorhin).
Still, Judah spricht! Tod, wer ihn stört!

Judah
(ist aufgeregt und bezwingt gewaltsam seine Rührung.)

Ihr hungert, Kinder? Desto besser wird's
Euch schmecken, wenn der Syrier heimgejagt
An trock'nen Rinden kauen muß. Und bald
Jag' ich ihn heim. Nur noch zehn Tage haltet
Jerusalem, dann zieht ein Heer von Brüdern
Heran, Euch zu befrei'n.

Jonathan.
Zehn Tage, Herr
Und Bruder? —

Simon.
Kaum drei Tage reicht der Vorrath,
Das Leben ärmlich uns zu fristen, nur
Daß wir nicht sterben.

Judah.
Steht es so? — Dann hat
Der Herr uns auf uns selbst gestellt, zu zeigen,
Was er vermag. — So bringt, was Ihr noch habt,
Zu Einer Mahlzeit in des Tempels Vorhof;

.

Daß Kraft den schwachen Gliedern wiederkehre;
Dann in des Wetters Schutz und wenn der Mond
Vom Himmel wich, mit leisem Tritte schleichen
Wir in des Syriers Lager uns, die Priester
Mit den Posaunen auf die Berge rings
Umher; und wenn die letzten unf'rer Krieger
Im Lager, dann weckt ihr Posaunenruf
Den unfern und ringsum den Ruf der Höh'n
Und die Verwirrung in dem Syrierlager,
Die, sich bedrängt von allen Seiten meinend,
Dem Tod im Innern selbst entgegen flieh'n.

(Es wetterleuchtet).

Was zagen? Lebt der alte Gott nicht mehr?
Zieht er nicht selber seinem Volk zu Hülfe?
Dort in der Wetterwolf' steht er gelagert
Mit allem Himmelsheer. Seht Ihr das Glüh'n
Der Helm'? der Schwerter Glanz? der Speere Blitzen?
In seinen Händen hält er seine Donner;
Die Sterne streiten mit aus Ihrer Bahn,
Wie da Deborah einst und Barak siegten.
Nun laßt umarmt uns sitzen bei dem Mahl,
Von dem Gesetz des Herren uns erzählend,
Wie oft dem Volke half sein Helfergott!
Wer einen Feind hat unter seinen Brüdern,
Der such' ihn auf, mit ihm sich zu versöhnen,
Umschling' ihn mit dem Arm, der ihn umschlingt
Und küß' den Friedenskuß auf seine Stirne,
Daß wir ein heilig Heer sind vor dem Herrn.

(Zu dem Weibe, indem er das Kind ihr von den Armen nimmt).

Läßst Du Dein Kind? — und soll der Herr uns lassen?
Sein Kind? Sein Knäblein Jeschirun?

(Er nimmt's auf den Arm und schwingt's in die Höhe).

So wird
Er's heben mit den Armen seiner Macht;

So wird es lächeln, wie dies Kindlein lächelt.

(Er giebt das Kind wieder.)

Auf, Brüder, nun zum Mahl und dann zum Sieg!

(Er geht ab, Simon und Jonathan umschlingend.)

Volk

(indem es ihm begeistert umarmt folgt, durcheinander).

Ein heilig Heer des Herrn zum Mahl! zum Sieg!

(Alle nach hinten.)

Vorhang fällt. Ende des vierten Akts.

Fünfter Akt.

Im Zelte Antiochus; ein Thronsessel mit Balbachin; das Zelt aus prächtigen Stoffen durch von der Decke herabhängende Ampeln erleuchtet. Wenn die Hinterwand sich öffnet, Aussicht über das übrige Lager auf das hoch liegende Jerusalem, erst vom Monde beschienen, der dann von Gewitterwolken verdeckt wird und später untergeht.

Antiochus, Eleazar, Nikanor (eben eintretend). **Ein Hauptmann** als Ordonnanz am Eingange.

Nikanor
(beugt die Kniee vor dem sitzenden Antiochus.)

Herr, Alles ist gethan, was Du gebotst.
Des Marterofens Flamme leuchtet weit,
Ein glüh'nder Warnungsfinger, um den Unsinn
Zu schrecken aus des Wahnes altem Trotz.

Antiochus.

Und noch kein Bote von Jerusalem?
Ein Schritt naht eilend. Ist's der Bote endlich?
Jerusalem ergiebt sich?

Nikanor (der durch den Eingang geseh'n.)

Hoher Herr,

's ist Gorgias.

Antiochus.

Den erst ich heimgesandt?
Was wendet den Vermessenen zurück?

Georgias (eilend herein, beugt das Knie).

Herr, zürn' der Botschaft, doch dem Boten nicht.

Antiochus.

Was ist?

Georgias.

Du glaubtest auf dem Wege mich.
Schon war ich's, als auf schaumbedecktem Rosse
Mir Lysias entgegen kam.

Antiochus.

Den ich
Auf meinem Stuhl hieß sitzen, bis ich kehrte?
Was treibt ihn treulos weg von seiner Pflicht?

Georgias.

Er war ihr treu; drum mußt' er sie verlassen.

Antiochus.

Ha, Aufruhr?

Georgias.

Eil' und Sorge warf ihn nieder.
Sein Wort an Dich heißt: Unzufriedenheit
Mit diesem Judenkrieg, durch's Siegerbeispiel
Der Juden kühn gemacht, trägt frech den Aufruhr
Durch Deine Lande. Kehr', Herr, um zu steuern!

Antiochus.

Was mehr?

Georgias.

In Deinen Heeren Meuterei,
D'rum rech'ne nur auf Das, so mit Dir ist!
Auf Dies auch rechne, Herr, nicht zu gewiß!
Führ' sie zurück, dann bürg' ich ihre Treue;
Doch gegen Juden —

Eleazar.

Die sie erst besiegt?

Gorgias.

Ich habe manches Sieges stählenden
Einfluß geseh'n auf Siegerheere wirken
Und weiß, daß Sieg den Sieg gebiert. Allein
Der bei Ammaus über Waffenlose,
Die selbst dem Schwert die unbewehrte Brust
Entgegenboten, Herr, das war kein Sieg,
Wie er Besiegte schwächt und Sieger stärkt.
Die Krieger überfiel ein Grau'n im Schlachten,
Sie fühlten sich nicht Krieger mehr, nur Mörder.
Die Wuth des Feindes weckt die eig'ne Wuth
Und scheucht den Sinn der Menschlichkeit von dannen;
Doch kalt zu morden, das ist grauenhaft.
So kam's, daß die Empfindungslosigkeit,
Mit der die Sterbenden den Tod begrüßten,
Indem sie lächelten und lächelnd starben,
Das Lächeln von der Sieger Wange pflückte
Und bleiche Reu' d'rauf sä'te und Besorgniß,
Wie sonst man im Gesicht Besiegter liest.
„Mit solchem Feind zu kämpfen, den solch' furchtbar
Gewalt'ger Gott erfüllt, daß er, was menschlich
Im Menschen ist, den Sinn für Schmerz verzehrt?
Sie lachen unf'rer Streiche, und wir werden
Die ihren doppelt fühlen, wenn ihr Gott,
Der sie beseelt, es will!" Das und noch Schlimm'res
Sagt' ihre Blässe und ihr trüber Blick.

Eleazar.

Wenn das erfahr'ne Auge dasmal nicht ·
Im fremden las, was in ihm selbst nur stand.

Antiochus.

Vollende, denn die Wolk' auf Deiner Stirn'
Birgt mehr noch.

Gorgias.

Philipp, dem Dein Vater sterbend
Auftrug, daß er zum König Dich ernenne,
Braucht diesen Vorwand treulos, der Regierung
Des Reichs sich anzumaßen. Kehrst Du nicht,
So geht er weiter. Thu' es, Herr!

Eleazar.

Eh' daß
Der Juden Unterwerfung Du vollendet?

Gorgias.

Noch mehr; der Sohn von Deines Vaters Bruder,
Demetrius, erhebt den alten Anspruch
Auf Deinen Thron. Gelandet ist er schon
An Deinem Strand und naht der Hauptstadt eilend,
Und Alles fällt ihm zu, wohin er kommt,
Denn er verspricht den Frieden mit dem Judah,
Der großen Scheuche von ganz Syrien.
Kehr' eilend —

Eleazar.

Den Triumph des Feind's im Rücken,
Der den Rebellen laut zurufen wird:
Harr't aus wie wir, wie wir dann müßt Ihr siegen?

Nikanor.

Herr, zieht Dein Zögern diesen Aufruhr groß,
Rankt sich an seinem Siegerstab die Hoffnung
Der Juden neu empor, und zwischen Feinden
Wirst Du erdrückt.

Eleazar.

Schickst Du den Ruf vom Siege
Voran, besiegst den Arm Du durch das Ohr.
Ein Tag beendet Alles!

Antiochus (der Gorgias mit dem
abgegangenen und wieder eingetretenen Hauptmann reden sieht).
Ist's der Bote?

Gorgias.

Die Wache bringt ein Weib. Für Judah's Mutter
Giebt sie sich aus, die Dich zu sprechen fleht.

Eleazar (für sich, erschreckend.)

Meine Mutter? Jetzt? Weh' mir! Was bringt sie her?

Antiochus.

Des Judah Mutter? Geh' und heiß sie kommen!
(Der Hauptmann ab.)
Und muß ich's tödten, um's zu unterwerfen,
Will ich auf dieses Volkes Leichnam seh'n.

Lea (wird vom Hauptmann hereingeführt, sie kniet am Eingang des Zeltes nieder,
Nikanor führt sie auf den König zu: sie wirft sich schweigend vor dem
König nieder; während deß)

Eleazar.

Sie ist's! O welch' ein Anblick, Tiger zähmend!
O Mutter! Mutter! Kaum noch halt' ich mich,
Dein heilig Knie in Staub gebeugt zu seh'n!
Sturm Gottes, wie Du dieses Prachtgefäß
Zerschlugst, von Menschenhoheit überfüllt,
Du konntest seinen Inhalt nicht verschütten;
Noch predigt jede Scherbe Majestät. —
Klag' ich das Schicksal an um meine That?
Still, Eleazar! dort liegt Grau'n und Schwindel.
Was ich gethan, hätt' ich umsonst gethan.
Verbirg' Dein Mitleid, schling's zurück in Dich;
Ihr hälf' es nicht und Dich würd' es verderben!

Antiochus
(nachdem Lea eine Weile vor ihm gelegen.)

Wer bist Du?

Lea.

Herr, ein Weib, verarmt an Allem,
Und selbst an Thränen; eine Mutter, Herr,
Die Deine Majestät zu flehen kommt:
Herr, bist Du Gottes Bild an Macht und Größe,
Sei's auch an Gnade; gieb mir meine Kinder!

Antiochus.

Sind sie in meiner Hand?

Gorgias
(der mit dem Hauptmann gesprochen).

Drei Brüder, Herr,

Des Judah, von dem Hause Simei
Als Zeichen seiner Treue Dir gebracht.
Sie harren Deines Spruch's.

Eleazar (für sich).

Auch meine Brüder?

Aus allen Adern strömt mein Leben fort.

Lea.

Um Deinen Eleazar! gieb sie mir.
(sieht um und bleibt auf Eleazar haften, der sich abwendet).

Eleazar (für sich).

Nacht, sei mitleidig! birg' mich ihren Augen!

Lea.

O meiner Seele Kind, noch ungeboren
Begnadigt schon mit göttlicher Verheißung,
Mußt Du nun so der Mutter Auge flieh'n?
Und weh' mir! durch der Mutter eig'ne Schuld?
Herr, sieh' ihn an; wie, angenagt vom Wurm,
Die süße Blüthe welkt; gieb mir auch ihn;
Wenn Du ihn liebst — und, Herr, ich weiß, Du liebst ihn —
Willst Du nicht seinen Tod und giebst ihn mir!
Neig' Deinen Scepter, Herr, und sieh', wie schön
Sich Majestät in Dankesthränen spiegelt.

Eleazar (für sich)

Halt', Eleazar, Dich! Du darfst nicht reden

Antiochus.

Du flehst um Deiner Kinder Leben?

Lea.

Um

Ihr nacktes Leben.

Antiochus.

Tod und Leben liegt
In ihrer eignen Wahl.

Lea (erschreckend).

Wie meinst Du das?

Antiochus.

Bekehrung heißt ihr Leben, Weig'rung Tod.

Lea.

Das wolltest Du? Herr! Herr! was sprichst Du da?

Antiochus.

So will es das Gesetz Antiochus'.

Lea.

Nein, Herr! Sprich: das Gesetz, das ich gemacht,
Kann ich vernichten.

Antiochus.

Bald, das schwör ich Dir,
Soll es Euch heil'ger sein, als das von Moses.

(zu Nikanor).

Führ' sie zum Marterosen; thu' mit ihnen,
Wie das Gesetz gebeut!

Nikanor.

So thu' ich, Herr. (Will gehn.)

Lea (hält ihn).

Nein, bleibe noch! (Wirft sich wieder nieder vor Antiochus.)
Herr, höre mich; laß mich
Nur erst der Schreckensworte Sinn versteh'n!
Ihr ungeahnter Klang hat mich erschreckt.
Sieh', meine Sinne schwindeln von dem Schlag.
Abfallen oder sterben? — (zu Nikanor) Bleib' noch! — Sterben?
Du kalter Laut, Du lügst Gleichgültigkeit.
Wer hört die Angst der Kreatur Dir an,
Alles zu lassen, was das Auge sieht,
Das Auge selbst? Und selber was wir hassen,
Wird lieb uns, wenn's es lassen gilt. Wie klein
Der Sprung, und doch liegt eine Welt von Sträuben,

Anklammern angstvoll zwischen seinen Ufern.
(Sie hält Nikanor wieder auf, der gehn will).

O Alles! Alles! Nur nicht Tod! nicht Tod!
Und doch — Herr, bleib' noch! Kann ich sie erst seh'n?
Wie sind sie? Lassen sie von ihrem Gott?

Nikanor.

Sie sind voll Trotz.

Antiochus.

Voll Trotz? Ich will ihn brechen.
(Er winkt, Nikanor will gehen.)

Lea (hält ihn wieder).

Sie sind voll Trotz? O freilich! Strenge wirkt
Nur Trotz. Mit Droh'n verlangten's fremde Männer,
Da bäumt sich in dem Kinde schon der Mann;
Doch wenn die Mutter fleht, da wird der Mann
Zum Kind und läßt sich lenken. Herr, vergönne
Die Frage mir: Darf ich die Kinder sprechen?

Antiochus.

Wenn Du zu ihrem Heile reden willst —

Lea.

Wie sonst? Wie anders soll die Mutter reden?
Darf ich allein sie sprechen?

Antiochus.

Laß Dir g'nügen —

Lea.

Wie Du willst, Herr; ich meinte nur, sprech' ich
Vor Deinem Angesicht, sie würden glauben,
Ich rede Deine Rede. Sei's darum!

(Antiochus winkt; der Hauptmann bringt Johannes, Joarim
und Benjamin.)

Eleazar (für sich).

Antiocha, schütz' Du mich, süßes Bild!

Benjamin
(Lea erblickend und auf sie zulaufend).

Die Mutter! Joarim, da ist die Mutter!

Joarim.

O Mutter! Mutter!

Johannes (umfaßt ihre Knie).

Herrin!

Lea (Alle umarmend).

Kinder! Kinder!

Antiochus.

Zur Sache!

Lea.

Ja, mein Herr; so thu' ich schon.
Dorthin seh't. Jener Mann dort ist der König;
Er will Euch leben lassen, wenn Ihr Euch
Von Euerm Gott zu seinen Göttern wendet —

Benjamin.

Wir haben ihm ja nichts zu Leid gethan;
Weshalb sollt' er uns tödten?

Lea.

Doch er wird's.

Joarim.

So laß ihn, Mutter. Er ist nur ein Mensch,
Wie Du und ich und meine Brüder sind.
Wir wollen Gott gehorchen, nicht den Menschen.

Lea.

Mein Heldenkind! — Vergieb mir, Herr; es ist
Ja so natürlich, daß die Mutter freut,
Wenn ihr die Kinder nachgeartet sind.
Von ihrer Mutter haben sie den Trotz.
Kommt her, Du böser Joarim, und Du,
Mein Benjamin und mein Johannes; legt
Die Hände mir aufs Haupt, schwört mir, zu thun,
Was ich Euch sagen werde!

Joarim.

Doch nichts wider
Den Herrn!

Lea.

Ich schwör' Euch zu für Euern Schwur,
Zu Euer'm Heil nur fordr' ich diesen Schwur.

Benjamin, Joarim, Johannes
(die Hände auf Lea's Haupt).

Wir schwören, Mutter!

Johannes.
Und nun sprich!

Eleazar
(bewältigt sich, daß er ihnen nicht laut zuruft:)
Schwört nicht!

Antiochus.
Zeigt ihr den Marterofen, eh' sie spricht!
(Die hintere Zeltwand fällt; Aussicht auf das Lager, über dem hinten Jerusalem
mit dem Tempel, vom Monde erleuchtet; der Himmel übrigens bewöllt; von der
Seite fällt ein Feuerschein auf die Bühne; Wetterleuchten.)

Lea
(vor dem Feuerschein entsetzt zurückwankend).

Gott Israels! (knieend.) Herr, sei ein Mensch! Du hattest
Eine Mutter und Du weintest, wie sie starb, —
Gewiß! Du weintest! Herr, Du selbst hast Kinder
Und liebst sie, Herr! Gewiß! Du liebst sie, Herr!
Gehorch' ich Dir, gehorch' ich nicht — ich muß,
Ich selbst, die Mutter ihre Kinder tödten.
O, denke Deiner Mutter, Deiner Kinder
Und sprich: es ist genug; lebt Euer'm Gott!

Antiochus.
Nun komm' zum Ende!

Lea.
Ja, zum Ende komm' ich,
Zu meinem Ende! — Nur so lange, Herr,
Laß mir den Athem, bis ich sie gerettet
Nicht vor des Königs, nur vor Deinem Zorn!
Mein Fluch auf den, der brechen wird den Schwur!

Nun hört, was Ihr geschworen: Bleibt getreu
Dem Gott der Väter; er allein ist Gott!
Und Du nun, Herr, nicht mehr um Gnade fleh' ich:
Sei nur gerecht! Sie können nun nicht anders;
Nur mich laß' sterben; ich allein bin schuldig!

Antiochus.

Nur Du sollst leben! Meinen Schwur an Deinen!
So fremd sei mir Barmherzigkeit, als Dir
Die Mutterliebe ist. — Führt sie zur Marter,
Den Aeltesten zuerst, zuletzt den Jüngsten!

(Von hier an ferner, allmälig näher kommender Donner.)

Lea.

Du bist ein Henker, kenust das Mutterherz;
Ein feiger Henker, der sich schmähen läßt!
Wärst Du ein Mann, ich lebte schon nicht mehr,
Um Dich zu schmäh'n!

(Antiochus winkt Nikanor; dieser will die Kinder abführen.)

Lea
(hält Nikanor auf, ununterbrochen sprechend).

Was ras' ich, Herr? Hör' nicht,
Was Wahnsinn aus mir redet. Bei dem Gott
Des Himmels und der Erde! sei ein Mensch!
Nur diesmal sei ein Mensch!

Antiochus.

Was flehst Du mich?
Ihr Tod und Leben steht in Deiner Hand.
Du hört'st, ich schwur. (Wendet sich zu gehen).

Lea (Kleine Pause des Kampfes).

So schwurst Du Dein Gericht —
Denn diese wird der Herr, ihr Gott, erwecken,
Wenn Du ein Schatten bist im Todtenreich.
Thor, der Du meinst, die Kinder zu verderben,
Und bist das Werkzeug nur, sie zu erhöh'n!
Denn über ihrer Marter wird der Herr
Von seinem Volke wenden seinen Zorn.

So lang ein Odem weht, wird er sie preisen,
Doch Du wirst ewiglich verworfen sein!

Eleazar (für sich).

Sie reißt mich fort so wie auf Adlerschwingen.
(Da Antiochus wieder winkt, stürzt er vor ihm auf die Kniee; Nikanor bleibt
noch erwartend.)
Herr, laß sie leben! Herr, laß sie! um mich,
Herr, laß sie leben, ihrem Gotte leben.
Herr, sieh': ich bin ihr Bruder; sieh', ihr Volk!
Ist mein Volk, sieh', ihr Gott, mein Gott; ich muß
Ihr Schicksal theilen, welches auch es sei.

Antiochus.

Wirfst Du zu früh die Larve hin, Verräther?

Eleazar (aufschreiend.)

Verräther? ich, der Alles Dir geopfert,
Volk, Vater, Mutter, Brüder, Gott und mich?

Antiochus.

Dem sollt' ich trauen, der sein Volk verrieth?

Eleazar (auflachend.)

Das Herz gerissen aus der Brust und Dir
Geopfert und nun weggeworfen wie
Ein todtes Werkzeug, das man nicht mehr braucht!
Du bist gerecht, furchtbarer Gott, Du strafst
Verräther durch Verräther. Zitt're d'rum,
Tyrann, auch Dein Verrath wird sich bestrafen.
Vor Deinem Diener zitt're, der Dir treu ist,
Und zwing' durch Mißtrau'n selbst ihn zum Verrath.

Antiochus.

Aus meinen Augen!

Eleazar.

Strafst Du so, Tyrann?

Aus Deinem Aug'? Das heißt: aus Nacht und Tod
In's Leben, in das Licht und in die Freiheit!
(wirft sich den Seinen in die Arme.)
Ich hab' Euch wieder!

Otto Ludwig's Werke. II.   8

Lea.

Zweimal mir Gebor'ner,
Doppelt mein Kind!

Eleazar.

Ich hab' Euch wieder, Mutter,
Euch, Brüder! Aus des dunkeln Thales Irrweg
Gerettet, steh' ich an des Vaters Thür'.
Sieh', wie sich Dir des Herrn Gesicht erfüllt;
Wir alle tragen Kronen jetzt, sind Fürsten
Des Duldens, Du der Schmerzen Königin. —
Daß der Tyrann nicht meine, seine Ohnmacht
Füll' uns mit Bangen! — Judah grüß' mir noch.
Sag' ihm: ein Königreich warf Eleazar
Von sich — und sag' ihm, daß ich ihn geliebt
Wie — Nun leb' wohl! Sieh' her, Tyrann, der Du
Dich Sieger meinst, sieh' her: wir sind die Sieger!
Wir höhnen Deiner Qual und Deiner Götter,
Denn mit uns ist der ewig einz'ge Gott.

(Er umschlingt Johannes und Joarim und eilt mit ihnen ab, indem er anstimmt
und die Beiden einstimmen:)

Wen er behütet, der kann lachen,
Denn wer ist herrlich so wie Er?
Der Herr ist mächtig in den Schwachen,
Schickt seinen Sieg vor ihnen her.
Halleluja!

(Nikanor und Gorgias folgen. Die folgenden Reden begleitet der Psalm,
bald schwächer, bald stärker, melodramatisch; Donner immer stärker und in kürzeren
Zwischenräumen. Der Sturm reißt am Zelte und verlöscht eine Ampel nach der
andern; das Mondlicht immer düsterer unter den Gewitterwolken.)

Lea (unwillkürlich nach).

So laßt die Mutter Ihr? ohn' Eine Thräne,
Ohn' Einen Kuß, eh' noch das Mutterherz —
Weh' mir! Was thu' ich? Falsche Thränen, fort!
Wollt Ihr dem Henker feile Helfer sein?
Wenn jetzt Du weinst, hast Du sie nie geliebt.

Zu stählen gilt es jetzt, nicht zu erweichen! —
Geht hin, zu kämpfen, wie ein Löwe kämpft,
Geht hin, zu sterben so, wie Lämmer sterben.
Hörst Du, mein Kind? (nach dem Himmel zeigend).

Benjamin.

Jehovah's Stimme donnert;
In Wolken donnert hoch der große Gott.

Lea.

Er ist Euch nah'; der Herr sieht, wie Ihr leidet,
In seines Athems Sturm ist er Euch nah'.
In seinem Donner redet er zu Euch,
Daß über Euerm Haupt er wenden will
Den Zorn von seinem Volk. Er will Euch rächen
Und Euch erwecken wieder von dem Tod.
Vergebens birgst Du unter Deinem Lächeln
Der Seele Angst, die Deine Blässe plaudert;
Wo willst Du hinflieh'n? wo, Tyrann, wenn er
Herniederfährt im Sturm, um Dich zu richten?

(Der Sturm verlöscht zwei Ampeln.)

So wie er Deine Lampen jetzt verlöscht,
So wird er Dich verlöschen! — Benjamin,
Hörst Du Schaddai's Ruf?

Benjamin.

Hast keinen Henker,
Tyrann, Du mehr für Benjamin?

Antiochus.

Welch' Weib!
Und welch' ein Kind! — Im Schein der letzten Ampel
Steht er so wie mein Perseus vor mir da.
Soll's heißen: seine Heere schlug Ein Mann,
Ihn selbst ein sterbend Weib mit ihrem Knaben?
Schenk' seinen Schwur ihm, Weib; gehorch' und rett' ihn.

(Eine einzige Lampe flackert noch; der Mond ist unter).

8*

Lea.

Rette Dich selbst!

Antiochus.

Und er soll groß —

Lea.

Er ist

Größer, als Du.

Antiochus.

Gieb ihn dem Leben.

Lea.

Leben

Wird er, wenn Dich des Todes Nacht umfängt.

Antiochus.

Auf Deiner Seele last' er denn. Sprich selber
Sein Urtheil ihm.

Lea.

Er sterbe. Nehmt ihn hin!

(sie hält ihn, bei ihm knieend, unwillkürlich fest).

Geh! — Seid barmherzig! nehmt ihn mir!

(matt, indem sie ihn mit Gewalt fortstößt).

Geh'! Geh'!

Benjamin (geht, die Hände erhoben, in den Gesang einstimmend ab).
Lea (kniet; sie stemmt mit Anstrengung sich auf eine Hand, um nicht zu finken;
ohne zu hören, was gesprochen wird, sieht sie Benjamin starr und
athemlos nach).

Gorgias (kommt eilend zurück).

Antiochus.

Gehorchen sie?

Gorgias.

Für solche Menschen, Herr,

Giebt's keine Marter. Sieh' und hör' sie selbst.
Ein solch' Verachten aller Qual sah ich
An keinem Wesen noch.

Nikanor (eilend herein.)

Nikanor.

Herr, laß es enden!

Die Krieger steh'n entsetzt. Von Brust zu Brust,
Von Zelt zu Zelt schleicht die Entmuthigung.
Die Meuterei hebt schon ihr Schlangenhaupt,
Die Schaar, die die Gefang'nen soll bewachen,
Befreit sie selber. Aus der Brüder Qual
Weissagen sie das Ende Syriens.
Die Simeiten, die sie Dir gebracht,
Zerrissen sie im Zorn; ich konnt's nicht hindern.
„Fort," hört' ich Einen rufen, „eh' das Weib,
Das riesige, den Himmel niederbetet,
Uns zu erdrücken!" And're schwuren d'rauf,
Judah's Posaunen klängen durch die Donner.
Herr, laß das Schauspiel enden.

Antiochus (nach kleiner Pause.)

Macht ein Ende.

(der Hauptmann ab.)

Zum Aufbruch blas't! Zurück nach Syrien!
(Noch ein aufjubelndes Hallelujah, dann schweigt der Psalm plötzlich.)

Lea (zusammenbrechend.)

Gelobt sei Gott, der Herr! es ist vollbracht.
Nun — end' — Dein Werk an mir — sonst trügt,
Dir untreu,
Dein — Scherge Tod — Dich um — die Marterlust.
(Die letzte Ampel verlöscht. Von allen Seiten Posaunen in den Donner.)

Antiochus.

Posaunen? Sind's die unsern?
(Erstes Frühroth; das Gewitter verzieht sich.)

Judahs Gefolge (erst noch in der Scene).

Judahs Gefolge.

Schwert des Herrn

Und Judah!

Geschrei im Lager.

Ein Ueberfall! Ein Ueberfall!

(Von der einen Seite kommt **Judah** mit **Gefolge**, von der andern **Syrier**,
Alle mit bloßen Schwertern.)

Judah.

Birg' Syrierkönig, Dich im Kern der Erde,

Der Judah gräbt sich nach! — Du bist's; sonst lügt

Dein stolzes Angesicht. Steh' meinem Schwert!

Nikanor.

Den König schützt!

(Die Syrier schaaren sich um Antiochus; sie steh'n bis in die Coulissen hinein, so
daß man an ihre Menge gegen Judah's Häuflein glauben kann.)

Antiochus.

Halt' ein! Bist Judah Du,

Scheuch' an die Seit' zurück der Deinen Schwerter

Und hör' mich reden. Nicht aus Furcht — sieh' her,

Unübersehbar folgen meine Treuen.

Ihr seid vom Hunger abgezehrt, die Meinen

Sind stark; was irgend Sieg verspricht, das steht

Auf meiner Seite.

Judah.

Wer den Sieg verspricht,

Ist unser Gott, der Herr, der uns beseelt.

Bist Deines Schwert's Du so gewiß, was ziehst Du

Die Zunge? Zieh' Dein Schwert!

Antiochus.

Wollt' ich's bekränzt

Vom Siege seh'n, so zög' ich's; doch den Frieden

Zu reichen, genügt die unbewehrte Hand.

Ich will Euch nicht vertilgen. Lebt fortan

Und sterbet Euerm Gott; bei meinen Göttern

Und Euerm Gott schwör' ich's.

Judah.

Gieb mir die Mutter,

Die Brüder, die Gefang'nen meines Volkes,

Und zieh' in Frieden.

Antiochus.

Deine Brüder kann
Kein Gott Dir wiedergeben.

Judah (wüthend, will auf ihn ein).

Kindermörder!
(Die Seinen folgen, die Syrier setzen sich zur Wehr; da erhebt sich Lea zwischen
Beiden mit dem Aufwand der letzten Kraft.)

Lea.

Zurück, Sohn Mattathias! laß ihn zieh'n!
Im Namen deß, der war und ist und sein wird!
Er spricht durch mich: Zieh', Syrier, hin in Frieden!
(Die Syrier zieh'n ab; Lea hält Judah zurück.)
Und Du — setz' nicht der Brüder Sieg auf's Spiel,
Den sterbend sie ersiegten. — Hier hat Gott
Geweilt; — bet' an!
(Sie sinkt, Judah hält sie.)

Judah.
Wie wird Dir?

Lea (immer schwächer.)
Meine Leiche
Und Deiner Brüder bring' zu Mattathias
In unser Erbbegräbniß nach Modin.
Dann nach Jerusalem und reinige
Sein Haus vom Heidengreu'l und weih's ihm neu
Noch nach Jahrtausenden wird unser Volk
Das Fest von Judah's Tempelweihe feiern.
Wie Mosen das gelobte Land, so zeigst
Du meinem letzten Blick die Herrlichkeit,
Die neue Deines Volks, und so — wie Moseh —
Sterb' ich — Dich — preisend —
(Sie stirbt; Judah läßt sie nieder und kniet bei ihr.)

Jonathan, Simon, jüdische Krieger, Priester und Volk.
(Sonnenaufgang; der Himmel ist rein; ein ferner Donner verhallt leise bis zum
Ende des Stückes.)

Krieger, Priester, Volk.

Fort ist der Tyrann!

Judah sei König! Judah sei's, der Retter!

Judah (halb für sich).

Er braucht den Starken nicht; er haucht die Schwäche
Mit seinem Odem an und sie wird Sieger;
Es überhebe Keiner sich vor Gott. —
Nehmt auf den todten Leib!

(Es geschieht; er steht auf).

Sein Priester will

Ich sein, doch König ist allein der Herr!

(Er erhebt den Speer; indem man sich zum Abzug ordnet, einige Posaunenaccorde;
der Vorhang fällt schnell.)

Ende des Stückes.

Die Torgauer Haide.

Vorspiel zum historischen Schauspiel: Friedrich II. von Preußen,
von Otto Ludwig.

Personen.

Friedrich II., König von Preußen.
Ziethen, General der Cavallerie und Chef eines Regiments.
Lestwitz, Husaren-Major.
Eine Ordonnanz.
Feldwebel vom Regiment Forcabo.
Reptow, Sergeant vom Grenadier-Regiment Anhalt-Bernburg.
Franz }
Wilhelm } seine Söhne, Grenadiere von demselben Regiment.
Ein Grenadier vom Regiment Manteufel.
Ein Grenadier vom Regiment Prinz Heinrich.
Ein Dragoner vom Regiment Baireuth.
Ein Cuirassier vom Regiment Schönaich.
Ein Husar von Ziethen's Regiment.
Ein preußischer Tambour.
Zwei schwarze Husaren.
Eine preußische Marketenderin.
Zwei österreich'sche Grenadiere.
Ein österreich'scher Cuirassier.
Ein österreich'scher Pfeiffer.
Ein Franzose in kaiserlichen Diensten.
Preußische und österreich'sche Soldaten von allen Waffengattungen.

Zeit: nach der Schlacht bei Torgau, vom 3. auf den 4. November 1761. Schauplatz: ein Theil der Torgauer Haide.

Erste Scene.

Auf der Torgauer Haide.

(Um ein Feuer kauern Grenadier **Manteufel**, der schwer verwundete **Replow**, ein **Tambour** und mehre **Preußen**. Nacht. In der Ferne unabsehbare Wachtfeuer zerstreut.)

———

Grenadier Manteufel (zu Replow).

So kommt doch näher an das Feuer, Alter. Puh! ist das feucht und kalt. Die Nacht frißt mehr Menschen, als der Tag gefressen hat. Ihr könnt's doch haben, Alter; aber wer schwer verwundet ist und sich nicht an ein Feuer mehr schleppen kann —

Tambour.

Und das Höllengesindel, das auf der Haide umher wacht und den armen Teufeln, die das Wundfieber schüttelt, noch die Jacken auszieht, daß ihnen der Frost vollends den Garaus macht. Kommt doch, Alter.

Replow.

Nein; zu ehrlichen Soldaten darf ich mich nicht setzen.

Tambour.

Er faselt wohl? Alter, schüttelt euch das Wundfieber?

Grenadier.

Er ift vom Regiment Bernburg, dem der Fritz vor Dresden die Säbel genommen hat und die Hutschnüre — da kommt Ge=sellschaft.

Zweite Scene.

Feldwebel, Cuiraffier Schönaich, Baireuth=Dragoner, Grenadier Prinz Heinrich, die zwei österreich'schen Grenadiere, der öster=reich'sche Cuiraffier, der Franzose in kaiserlichen Dienften, und andere Preußen und Oesterreicher, vor Froft zitternd und ermattet.

Tambour.

Weiß und blau durcheinander.

Dragoner.

Gut'n Morgen, Kameraden. Preußen?

Grenadier Manteufel.

Allemal. Bringt Ihr Gefangene?

Dragoner.

Feldwebel, fagt den Kameraden unf're Convention.

Feldwebel.

Nämlich. Da wir hier nicht wiffen, wer die Schlacht ge=wonnen hat, fo haben wir eine Convention untereinander ge=schloffen, Preußen und Oesterreicher —

Dragoner.

Und des gräßlichen Wetters wegen —

Feldwebel.

Nämlich. Und die Punktation ift die: Erftlich: Waffenftill=ftand die Nacht durch —

Dragoner.

Und gütliches Vertragen —

Feldwebel.

Zweitens: Sowie gewiſſe Nachricht kommt, wer geſiegt hat, so ergeben ſich die Kameraden der ſiegreichen Armee als Ge= fangene. Seid Ihr dabei?

Grenadier Manteufel.

Wär' ich noch friſch, ich beſänne mich.

Tambour.

Gut. Wir ſind dabei.

(Die Angekommenen haben ſich unterdeß zu den Andern um das Feuer gelagert.)

Cuiraſſier (ſtreckt ſich).

Ah! thut das wohl.

Dritte Scene.

Ziethen-Huſar mit der **Marketenderin.** **Vorige.**

Huſar.

He, Kameraden! Was ich da bringe.

Dragoner.

Ja, die Ziethen'ſchen, denen entgeht nichts.

Grenadier Manteufel.

Lotte, bringt mir einen hierher; ich kann nicht auf.

(Mehre haben die Marketenderin umringt.)

Marketenderin.

Geduld, meine Herren, Geduld!

Grenadier Manteufel.

Meine Herrn, Ihr seid Alle noch ziemlich auf dem Zeuge. Hier liegt ein alter, ſchwer verwundeter Kamerad. Ich will zu= letzt haben, aber der alte Brave da muß zuerſt bekommen.

Dragoner.

Brav gesprochen, Pommer. Gebt dem Alten zuerst, Lotte.

Marketenderin.

Da ist's schon.

Grenadier Manteufel (reicht's an Reptow).

Trinkt, Alter!

Reptow.

Nein, ich darf nicht trinken mit ehrlichen Soldaten.

Grenadier.

Seid kein Thor.

Reptow.

Wenn wir unsre Säbel wieder haben, dann wollen wir ein's zusammen trinken.

Grenadier.

Darüber müßt Ihr Euch hinwegsetzen. Ihr habt eben das Unmögliche nicht möglich machen können. Ihr seid der Uebermacht gewichen. Nun greift aber zu! Seht Ihr nicht, wie ich vor Frost zittere? Zum Teufel, ich kann's nicht mehr halten. So trinkt doch!

Reptow.

Seht Ihr, ich hab' immer auf Ehre gehalten. Ich bin ein Brüner aus preußisch Westphalen. Meine ältesten Söhne dienten dem Fritz. Wie die Franzosen uns zusammen genommen hatten, lachten die Jungen; nun wir nicht mehr preußisch wären, dürften sie dem Fritz nicht mehr dienen, und desertirten. Und so thaten's noch andere Brüner. Aber wir nahmen sie nicht auf, sondern jagten sie mit Schande aus der Stadt; wir wollten sie nicht mehr für unsre Söhne ansehen, wenn sie nicht augenblicklich zum Fritz gingen. Und ich nahm meinen Dritten und meinen Vierten, meinen Franz und meinen Wilhelm — mein Fünfter konnte noch keine Muskete tragen — und wurde in meinen alten Tagen wieder Soldat, weil der Fritz Leute brauchte. Und nun muß mir's passiren, daß unser Regiment zurückweicht; da hat uns der Fritz die Säbel genommen und unsern Officieren die Huttressen.

Dragoner.

Seid Ihr einer von den braven Brünern? Zum Teufel! so soll keiner von uns ein Glas berühren, bevor Ihr getrunken habt. Das soll man den Brünern nachreden, so lange noch ein treues Herz seinen Preis gilt.

Grenadier Prinz Heinrich.

Auf den Siptitzer Höhen wird's wieder ganz dunkel und still. Dort muß es grausam wild hergegangen sein. Wie ein feuriger Drache wälzte sich's brüllend nach der Haide herunter.

Husar.

Vater Ziethen kam von drüben über die Höh'n.

Grenadier Prinz Heinrich.

Und Lestwitz schrie: Freiwillige vor! Da trat das ganze Bataillon Bernburg, was bei dem Corps war, zusammen vor.

Reptow (gespannt).

Das and're Bataillon ist beim Ziethen. Das ganze Bataillon?

Grenadier Prinz Heinrich.

Was davon noch auf den Beinen war, und dem Lestwitz hinterdrein; der wie ein Teufel vorweg auf Daun's Batterie zu.

Reptow.

Fällt Bajonett! Vorwärts, Jungen. Nur dem Lestwitz nach; der führt Euch nicht in die Schande.

Grenadier Prinz Heinrich.

Und Hülsen hinterher mit seinem Corps. Er fuhr rittlings auf einer Kanone. Zwei Pferde waren ihm unter dem Leibe erschossen; er war verwundet und konnte nicht gehen. Da sagt' er: Setzt mich auf eine Kanone, aber schnell, denn ich hab' Eile! Und auf dem eisernen Pferde ritt er nun in's Feuer, daß ihm die weißen Haare flogen im Wind.

Grenadier Manteufel.

Aber der Fritz? Wo ist der Fritz?

Husar.

Der ist gewiß mitten d'rin. Bei Kollin, wie Alles schlecht ging, hielt er einen Haufen Flüchtlinge auf, und führte sie rechts= um! gegen eine Batterie. Wie sie so nah' waren, daß die

Kugeln sie erreichten, gingen sie zum zweitenmale durch. Das wurd' der Fritz in seinem Eifer gar nicht gewahr; endlich sprengt' ihm unser Major Le Grand nach und schrie: Sire, wollen Sie denn die Batterie allein erobern? Da betrachtet der Fritz die Batterie noch einmal durch sein Glas, so kaltblütig, als spielten dort Jungen mit Erbsen, und dann ritt er ganz langsam durch den Kugelregen wieder zurück.

Erster österreich'scher Grenadier.

Das ist halter viel.

Husar.

Ja, er ist verwegen, der Fritz. Das hat er mehr als einmal gezeigt. Aber der Himmel hält seine Hand über ihn. Wo war's denn nur, daß er nach der Schlacht seinen Rock aufmachte und eine Kugel herausfiel?

Oesterreich'scher Cuirassier.

Wie er seinen Rock aufmachte? Wie macht er das?

Husar.

Wie's andre Leute auch machen. Er knöpft eben einen Knopf nach dem andern auf, so wird's von selbst.

Erster österreich'scher Grenadier.

Mit Gunst, meine Herren, das ist nicht vom Rechten. — Man weiß es auch im ganzen Reich; er ist — Ihr versteht mich schon —

Feldwebel.

Nämlich. — Bei Euch scheint der Aberglauben noch recht im Schwange.

Grenadier Manteufel.

Er trägt eine Rüstung auf dem bloßen Leib.

Feldwebel.

Dummes Zeug! Ein Etui trägt er auf der Brust; daran fuhr die Kugel, die schon matt war.

Erster österreich'scher Grenadier.

Nun ja; sagt' ich's nicht? er hat ein — ein Etui? Behüt' uns Gott und die heiligen elftausend Jungfrauen vor einem Etui. Ein Christenmensch und der an Gott glaubt, hat nichts

mit einem Etui zu schaffen. Der Prinz Eugenius war ein Feld=
herr troß einem; aber mit solchen Dingen ließ er sich nicht ein.

Zweiter österreich'scher Grenadier.
Wie heißt so ein Ding?

Erster.
Ein Etui.

Zweiter.
Ein — ein — Gott sei bei uns; ich will ein solch' sündlich
Ding nicht auf meine Zunge nehmen.

Reptow (phantasirend).
Immer drauf, Jungen, drauf! Den Säbel an die Seite oder
auf den Sarg!

Feldwebel.
Das mit der Kugel, das war bei Hochkirch, wo die vierte
Batterie zum Teufel ging. Weder eine Kanone, noch ein Mann
davon ist wieder gesehen worden.

Marketenderin.
Sein Wort in Ehren, Feldwebel, aber was Er da sagt von
der vierten Batterie, das ist gelogen.

Feldwebel.
Nämlich. — Lotte, Sie drückt sich nicht höflich aus.

Marketenderin.
Höflich oder nicht — die Wahrheit muß gelten. Und wer
mir die vierte Batterie antastet, der tastet mein Kind an; denn
ich kann sagen, ich bin die Mutter von der vierten Batterie.

Husar.
Muß das eine schwere Geburt gewesen sein!

Feldwebel.
Die vierte Batterie, sag' ich, ist zum Teufel gegangen mit
Mann und Maus.

Marketenderin.
So? Und war's nicht etwa der schwarze Philipp, der Feuer=

werfer von der vierten Batterie, den der Fritz gefragt hat: wo habt Ihr Eure Kanonen, Kinder? Die hat der Teufel bei Nacht geholt, sagt der Philipp. So wollen wir sie ihm bei Tage wieder abnehmen, sagt der Fritz.

Vierte Scene.

Zwei schwarze Husaren mit blankem Säbel und vorgehaltenen Pistolen. **Vorige.**

Erster schwarzer Husar (zum zweiten).

George, nimm sie in die Flanke. Vorwärts! Ergebt Euch!

Zweiter (von der anderen Seite).

Ihr seid Gefangene.

Grenadier Manteufel.

Was stellt das vor?

Dragoner.

Bist Du's, Fritze?

Erster schwarzer Husar (verdrießlich).

Preußen?

Zweiter.

Sind die Weißen da Euer, Kameraden?

Tambour.

Seid Ihr bei Trost? Zwei Mann, und wollt eine ganze Gesellschaft fangen?

Feldwebel.

Nämlich. — Hier ist Waffenstillstand. Hier ist nichts für Euch zu suchen, Ihr müßtet Euch denn wärmen wollen oder eins trinken. Lotte, einen für die schwarzen Kameraden!

Marketenderin.

Da! Aber die vierte Batterie — ich will den sehen, der mir in's Gesicht sagen will: die vierte Batterie —

Feldwebel.

Nämlich. Halt' Sie das Maul von Ihrer vierten Batterie.

Ziethen-Husar.

Recht so, Feldwebel, bringt die vierte Batterie zum Schweigen.

Marketenderin.

Zum Schweigen? Mich? Ihr wollt mich zum Schweigen bringen? Was wär't Ihr denn, wenn ich nicht Euer bischen Courage im Fäßchen da mitschleppte? Will mein eigner Kümmel wider mich rebelliren? Zum Schweigen — mich zum Schweigen bringen! Nein, seh' nur einer!

Schwarzen Husaren.

Adieu, Kameraden.

Fünfte Scene.

Vorige ohne die Schwarzen.

Ziethen-Husar.

Seid Ihr gescheit? Wollt Ihr die gräuliche Nacht Euch in die Elbe locken lassen? Sie sind schon fort. Die Schwarzen haben einen Sporen zuviel. Zwei Mann sechszig fangen!

Grenadier Manteufel.

Das haben sie mehr als einmal gemacht. Und denen ergiebt sich auch gleich Alles. Wo sich die schwarzen Kerle nur sehen lassen, ist Furcht und Zittern.

Husar.

Nun, Ihr Herrn Pommern seid auch nicht die höflichsten

9*

wenn das wahr ist, was ich gehört habe. Bei Neiße war Euer Regiment, mitten unter Laudon'schen Reitern, wohl vier Regimenter stark, abgeschnitten von aller Hilfe. Laudon schickt einen Offizier: Ihr sollt Euch ergeben; dann sollt Ihr Eure Bagage behalten. Außerdem will er Euch bis auf den letzten Mann in die Pfanne hauen. Manteufel dreht seinen rothen Schnauzbart und sagt: der Offizier soll seine Pommern selbst fragen, ob sie sich ergeben wollen. Der Offizier trägt's nun vor; eh' er aber ausgered't hat, schreit das ganze Regiment aus Einem Halse: Wir wollen Euch was — und so weiter.

Grenadier Manteufel.

Das ist wahr. Bis unter die Kanonen von Schweidnitz war er hinter uns her; aber wir wehrten uns unter fortwährendem Marschiren, daß er mit großem Verlust endlich abkratzen mußte; und bis jetzt ist er nicht wiedergekommen.

Grenadier Prinz Heinrich.

Die Schwarzen geben kein Quartier; das ist's.

Feldwebel.

Nämlich. Das ist ein Mährchen. Die Franzosen wollten in Brandenburg Winterquartier machen. In der Affaire von Roßbach schrieen die Franzosen „Quartier"! Die guten Brandenburger kannten das Wort nicht und hielten's für Hohn und bezogen's auf die Winterquartiere, die die Franzosen in ihren Häusern beziehen wollten. Sie schrieen: Wart', wir wollen Euch Quartier geben, — und säbelten drauf los wie die Fleischer, bis die Franzosen sich auf das Wort: Pardon! besannen; das verstanden nun die guten Märker. Daher kommt das Mährchen von den Schwarzen. (Alle lachen.)

Cuirassier Schönaich (empfindlich).

Das waren wir, die Schönaich-Cuirassiere, und nicht die Schwarzen. Was ist drüber zu lachen?

Feldwebel.

Nämlich. Es ist selten Alles beisammen; der Eine hat den Kopf, der Andere das Herz und den Arm. Es giebt aber Leute, die Beides haben.

Cuiraffier.

Ihr müßt Euch nur selber loben. Andere brauchen's nicht, versteht Ihr?

Feldwebel.

Nämlich. Donnerwetter! Weiß Er, was der Fritz gesagt hat? Weiß Er? Er — Er — Nämlich. Wenn ich Soldaten sehen will, hat er gesagt, muß ich das Regiment Forcabe an= seh'n, hat er gesagt.

Dragoner (mißbilligend).

Feldwebel —

Feldwebel.

Na — nichts für ungut, Cuiraffier. Wir wollen uns nichts d'rauf einbilden, ob wir von dem Regiment sind oder von dem; aber darauf wollen wir uns was einbilden, daß wir unter dem Fritz dienen. Bildet er sich doch was d'rauf ein, daß er uns commandirt. Bei Lowositz sagt' er: Meine Truppen haben sich nie so geschlagen, seit ich die Ehre habe, sie zu commandiren. Was, Lotte? Sie ist ein vernünftiges Weib; hab' ich nicht Recht?

Marketenderin.

Er hat Recht, Feldwebel; aber was die vierte Batterie be= trifft, da hab' ich Recht. Die vierte Batterie —

Feldwebel.

Weib, will sie uns umbringen mit ihrer vierten Batterie?

Marketenderin.

Die vierte Batterie —

Feldwebel.

Ich wollte, sie führ' ihr in den Leib und die fünfte und sechste dazu.

Viele (trinkend und lachend).

Halloh die Lotte und die vierte Batterie!

Nepfow.

Fritz, gieb uns unsre Säbel wieder!

Grenadier Manteufel.

Der hat's noch immer mit seinen Säbeln zu thun.

Replow (aufgebäumt phantasirend).

In's Feuer, Jungen, in's Feuer! Mir nach! Heut muß
Dresden ausgewischt werden. Der Fritz soll den Hut ziehen
vor uns und soll sagen: Da, Kinder, habt Eure Säbel wieder
und Eure Huttressen und ein Hundsfott, der noch übel spricht
von Euch. Vivat der Fritz! Schreit, Kinder, wenn er an der
Fronte herunterkommt. Mein jüngster ist vierzehn Jahr; sobald
er eine Muskete tragen kann, sollst du ihn auch haben. Nun laßt
uns eins singen:

Hinein! hinein! die Fahnen dort, die brachten sie nur mit,
Daß wir sie sollen nehmen. Hinein mit schnellem Schritt!
Die brüllenden Kanonen thu'n in der Fern' so barsch;
Wir woll'n sie in der Nähe sehn. Im Sturmschritt! Marsch!

Husar.

Was ist das? Horcht!

Dragoner.

Der alte Brüner dort singt im Fieber.

Husar.

Das in der Ferne mein' ich, dort zu —

Grenadier Manteufel.

Wo der Alte den Odem herkriegt. Er ist schon ganz ver-
blaßt.

Grenadier Prinz Heinrich.

Wie er den Arm aufstemmt; seine Augen werden immer
gläserner.

Zweiter österreich'scher Grenadier.

Das ist grauslich anzusehen — und wie er mit den Zähnen
klappert und mit den Fingern hantirt.

Grenadier Manteufel.

Es ist der preußische Grenadiermarsch, den er vor sich hin-
brummt.

Zweiter österreich'scher Grenadier.

Lauf' doch einer zum Hochwürdigen. Ob er ein bös Gewissen hat, daß er nicht ersterben kann.

Grenadier Manteufel.

Ein bös Gewissen? Donnerwetter! Ein preußisch Solda-
tenherz hat er im Leib, das die Schande kränkt und das nicht
fragt nach Leben oder Sterben, sondern nach Schande oder
Ruhm.

Grenadier Prinz Heinrich.

Was ist das? Blasen nicht die Ziethen'schen da drüben
Victoria?

Husar.

Sie kommen näher. Die Ziethen'schen Trompeten unter-
scheidet man eine Stunde weit. Ihre Stimme greift durch wie
Vater Ziethen's Vorwärts.

Replow.

Vorwärts. Bernburg bekommt seine Säbel wieder. Victoria. (Singt:)

Der alte Grenadier noch ruft, indem er sterbend sinkt,
Kam'raden über mich dahin, bis Euch der Sieg gelingt,
An mir ist nichts gelegen, behält der Fritz das Feld.
So stirbt ein preußischer Siegesheld!

Mehre.

Horcht!

Replow (wiederholt, gespenstig aufgebäumt, mit starker Stimme).

An mir ist nichts gelegen, behält der Fritz das Feld.
So stirbt ein preußischer Siegesheld!

(Er bricht zusammen.)

Grenadier Manteufel (der mit den andern nach der Gegend hingesehn,
aus welcher sie Ziethen's Trompeten zu vernehmen glauben, wendet sich nach dem
Umgefallenen).

Was ist mit Dir, Kamerad? Hast Du so eilig? Ja, der
hat's ausgemacht. Der Tod hat Respekt vor solch einem grauen
preußischen Helden; er hat geduldig gewartet, bis der Alte mit
seinem Liedchen fertig war. Der ist aus Kummer über seinen
Säbel gestorben, nicht an seinen Wunden. Fahr' wohl, Alter!

Grenadier Prinz Heinrich.

Die österreich'schen Kameraden sind ja auf einmal so still.
Sind sie auch hinüber?

Erster Oesterreicher.

Sie sind eingeschlafen.

Dragoner.

Laßt sie ruhen. Sie haben Ruhe verdient; sie haben sich geschlagen heute wie die Löwen.

Der Franzose (im Schlaf).

Bien vite, Jean! Ecoute!

Husar.

Der träumt von seinem Friseur. Hat ihm Seidlitz seinen Puder genommen, wie er mit seiner Handvoll Reitern den Soubise mit 8000 Mann aus Gotha jagte und mit seinen Officieren das fürstliche Essen verzehrte, das die armen französischen Teufel in der Angst unangerührt hatten stehen lassen?

Erster Oesterreicher.

Er wird halter noch müde sein vom Laufen bei Roßbach.

Grenadier Prinz Heinrich.

Seht doch. Ihr habt's hinter den Ohren, Ihr Oesterreicher.

Grenadier Manteufel.

Ist's aber nicht schmählich, daß wir uns das Fell zerhauen, Preußen und Oesterreicher, und dieses Franzvolk unsrer guten alten Mutter Deutschland auf den Rippen herumkrabbeln lassen, daß sie uns die Paar Laster, die unsre Vornehmen noch nicht aus Paris geholt haben, vollends herüberschleppen?

Erster Oesterreicher.

Gewissermaßen halter sind wir freilich alle Beide Deutsche, Oesterreicher und Preußen; das ist schon wahr. Mutter Therese will auch den Frieden.

Feldwebel.

Nämlich? — Zweimal wollte der Fritz Frieden schließen, wie die Sachen im Gleichgewicht standen; einen schimpflichen Frieden aber schließt der Fritz nicht. Die Sache handelt sich um die Nationalehre der Preußen, und ich kenne den Fritz; der stirbt lieber, als daß er der preußischen Reputation etwas vergiebt. Und seine Armee denkt eben so; der geringste Trainknecht hat seinen Stolz. D'rum bringt die ganze Welt den Fritz nicht

nieder. Wir schießen uns nicht um den Haß oder um die Hab-
gier unseres Königs; unsre Säbel führt nicht sein Neid oder
sonst ein persönlich Gelüsten, was das Volk nichts anginge; sondern der Fritz kämpft für uns und unsre Ehre, d'rum fechten wir
für Fritz und seine Ehre.

Dragoner.

Brav gesprochen, Feldwebel; von uns Soldaten denkt keiner
anders.

Feldwebel.

Zum Teufel! kein Preuße denkt anders. Der Bürger und
der Bauer opfern mit Freuden ihr Letztes; das letzte Pferd spannt
der Bauer aus dem Pfluge, den letzten Sohn nimmt er aus den
Armen der Mutter und bringt ihn dem Fritz. Und wenn der
Bauer so denkt, Donnerwetter! was soll der Soldat thun? Und
geht über Preußen hinaus! Der Thronfolger von Rußland trägt
dem Fritz zu Ehren preußische Uniform; nur zwei Augen dürfen
zufallen und das Blättchen wendet sich. Die Engländer feiern
Fritzens Geburtstag wie den ihres Georg; der Pitt sagt: eh'
der Tower in London nicht mit dem Schwert in der Faust erobert ist, laß' ich nicht vom Fritz. Vom Ende der Welt her
schickt der Tartarkhan Gesandte an den Fritz. Alle Welt tauft
ihre Kinder nach dem Fritz. — Die in Wien dachten nicht, einen
christlichen Krieg zu führen. Auf Preußens Vernichtung war's
abgesehen. Der Kosak im fernen Asien hatte keine Ruhe vor der
Rachsucht der Kaiserin; der Schneemann, der Schwede, dachte
an der deutschen Sonne und an den deutschen Mädchen aus
seinem Winterschlafe aufzuthauen; der unruhige Franzose war
froh, daß es in Deutschland Geld zu stehlen geben sollte,
Schlösser dafür zu bauen in Paris und seine Maitressen drinn
mit Zucker zu füttern. Nämlich — Donnerwetter! Nämlich —

Erster Oesterreicher (steht auf).

Kameraden Preußen, ist unsre Convention aufgehoben?

Dragoner.

Gut; Feldwebel, geht nicht zu weit. Unsre Convention muß
gehalten werden. Laßt den Streit.

Husar.

Ist kein Trompeter hier? Laßt uns eins singen, was die Kameraden Oesterreicher mitsingen können.

Grenadier Manteufel.

Da ist ein Tambour.

Grenadier Prinz Heinrich.

Und hier ein Pfeifer. Vorwärts, die Pfeife heraus.

Pfeifer.

Meine Finger sind verfroren.

Grenadier Prinz Heinrich (macht Platz).

Da, setzt Euch näher an's Feuer und macht los, so thau'n sie auf.

Pfeifer.

Aber was denn für eins?

Feldwebel.

Nämlich. Lotte, sie ist sonst ein kluges Weib und weiß immer ein Auskommen.

Marketenderin.

So? Aber mit der vierten Batterie hat Er Recht! Und die vierte Batterie soll mir in den Leib fahren! Und die vierte Batterie ist zum Teufel! Und die vierte Batterie —

Feldwebel.

Sie soll Recht haben, Lotte, Sie soll Recht haben. Sie hat einen Vierundzwanzigpfünder von einer Zunge im Hals; Sie hat ein ganzes Geniecorps im Schädel! Wir schlagen Chamade.

Marketenderin.

Und nun die Ochsen am Berge stehen, muß doch die Lotte ihr bischen Verstand vorspannen. Gebt Acht! ich will eins vor-singen, und eins, was gegen die Türken geht, was jeder Christen-mensch mitsingen kann mit gutem Gewissen. (Sie trinkt noch einmal erst. dann beginnt sie zu singen: Prinz Eugenius. Der Pfeifer und Tambour accompagniren, das ganze Chor fällt ein. Während des Gesanges kommt

Sechste Scene.

Friedrich II. kommt, von einer Ordonnanz begleitet, auf seinem Schimmel geritten.

Vorige (Geschrei durcheinander).

Der Fritz! der Fritz! Vater Fritz! Guten Morgen, Vater Fritz!

Grenadier Manteufel.

Der Fritz ist auch nicht müßig gewesen; das sieht man an seinem Rock.

Friedrich.

Guten Morgen, Kinder. Ist noch Platz bei Euch? Singt in Gottes Namen zu! (Der Tambour bringt seine Trommel an das Feuer, auf welche Friedrich sich setzt.) Puh! ist das eine Nacht!

Grenadier Manteufel.

Bist Du verwundet, Vater Fritz?

Friedrich.

Geritzt, Kamerad. Ein Preuße nennt das keine Wunde. (Er schreibt auf dem Knie.)

Ordonnanz (zu den Soldaten, die ihm Platz gemacht haben am Feuer).

Gott behüte vor solcher Nacht. Gott lasse mir den Tag leben, und sei er noch so heiß; man sieht seinem Feinde doch in die Augen. Um ein Haar hätten sie den Fritz gefangen und uns mit. Das ist eine Verwirrung, wie der Himmel seit dem Thurmbau zu Babel keine wiedergesehen hat. Freund und Feind rennt an einander und purzelt über einander; zwei fangen einen und werden wieder gefangen. Dazwischen das Zähneklappern, Heulen und Fluchen der Verwundeten, die der Frost an den feuchten Boden angenagelt hat. Und die unzähligen Feuer durch die Haide machen Einen vollends blind. Und an Allen blau und weiß durcheinander.

Friedrich (spricht zum Schreiben).

Sobald der Morgen graut, wieder formiren, die Infanterie nicht feuern, mit gefälltem Bajonett. — Ordonnanz.

Ordonnanz.

Hier.

Friedrich (giebt ihm das Papier).

Da, an Hülsen.

Ordonnanz.

Wo?

Friedrich.

Auf dem Schlachtfeld. Wo die meisten Todten und Ver=
wundeten — das ist seine Spur. Avant!

Ordonanz (ab).

(Trompeter in der Ferne freudig.)

Husar.

Straf mich Gott, Fritz; das ist die Stimme der Ziethen'schen!

Siebente Scene.

**Franz, den schwer verwundeten Wilhelm auf den Armen, legt ihn
am Feuer nieder, ohne Fritz zu gewahren. Vorige.**

Franz (zum Grenadier Manteufel).

Grenadier, habt Ihr meinen Vater gesehen?

Grenadier Manteufel.

Den alten Repkow? O ja.

Franz.

Lebt er noch? Ist er gesund?

Grenadier Manteufel.

Ob er lebt? Ob er gesund ist? Ihm fehlt nichts mehr
auf der Welt, als sein Säbel. Der kränkt ihn im Himmel noch.

Franz.

Ist er todt?

Grenadier Manteufel (deutet auf die Leiche).

Da, fragt ihn selbst.

Franz.

Und hat nicht gewußt, daß wir gesiegt haben?

Grenadier Manteufel.

Das erste Wort, was wir hören. Der Fritz hat gesiegt! Victoria! (Will auffspringen und fällt wieder zurück.) Ja so — es geht nicht.

Franz.

Der Wilhelm wird's auch nicht mehr lange machen.

Grenadier Manteufel.

Kurz und gut; so lob' ich's.

(Ganz fern beginnt eine Stimme zu singen: Nun danket Alle Gott; dazwischen ferne Trompetenfanfaren. Allmälig fallen mehr Stimmen und fernere und nähere Musik-chöre in den Gesang ein. Franz hat Wilhelm zu der Leiche des Vaters gelegt. Es wird allmälig Tag.)

Husar.

Da kommen zwei in weißen Mänteln. Straf' mich Gott, Vater Ziethen ist der eine; der andere der Lestwitz. Vater Ziethen, hierher! Hier ist der Fritz!

Achte Scene.

Ziethen. Lestewitz. Vorige.

Friedrich.

Ziethen? Was bringt Er?

Ziethen.

Den Sieg von Torgau, Fritz. Ist das ein guter Morgen?

Friedrich (reicht ihm die Hand).

Er grüßt nicht anders. Danke.

Ziethen.

Nicht mir. Dem jungen Herrn da, der zur rechten Zeit mit einer Handvoll wackerer Kerle mir entgegen kam und die Daunschen verwirrte und aufhielt, bis Hülsen auf seiner Kanone geritten kam und wir die ganze Geschichte zwischen uns hatten.

Friedrich.

Lestwitz, ich bin Sein Schuldner.

Lestwitz.

Nicht meiner, Sire. — Das Bataillon Bernburg hat seine Ehre gerettet. Ich rief: Freiwillige vor! Das ganze Bataillon schrie: Hier! Und so ging's in Daun's Batterieen hinein und keiner sah sich um.

Franz.

Fritz, gieb uns unsre Säbel wieder. Wir haben Dresden ausgewischt.

Friedrich.

Ihr sollt sie haben. (Lüftet den Hut.) Kinder, vor dem Regiment Bernburg hab' ich Respect. — Adieu! (Er besteigt seinen Schimmel und reitet, von Ziethen und Lestwitz begleitet, ab.)

Neunte Scene.

Vorige ohne Friedrich, Ziethen und Lestwitz.

Alle.

Adieu, Vater Fritz!

Erster österreich'scher Grenadier
(überreicht Uhr und Börse dem Grenadier Manteufel, der ihm zunächst sitzt.)

Kamerad, ich bin Euer Gefangener.

Grenadier Manteufel.

Behaltet's, Kamerad; könnt's weiter brauchen.
(Dasselbe thun die übrigen Oesterreicher.)

Grenadier Prinz Heinrich.

Behaltet's als ein Andenken an die Convention auf der Torgauer Haide.

Franz (kniet bei Wilhelm und kann vor Schluchzen nicht reden).

Ach, daß der Vater noch lebte! Ach, daß der Vater noch lebte!

Wilhelm (mit immer schwächerer Stimme).

Bekommen wir sie wieder, Franz? Daß ich's dem Vater drüben sagen kann!

Franz (außer sich).

Freilich, Wilhelm, Herzenswilhelm! Sag' dem Vater, der Fritz hat den Hut gezogen vor unserm Regiment und hat gesagt: Kinder, vor dem Regiment Bernburg hab' ich Respect! Und sag ihm, hörst Du, sag ihm: sein Franz hat sich wacker gehalten, sein Franz hat den Hülsen herausgehauen, wie er von der Kanone gefallen war — hörst Du? Und der Fritz hat den Hut gezogen, Wilhelm, der Fritz —

Wilhelm.

Wie er sich freuen wird. Franz, mir wird schlimm.

Franz.

Und der Fritz hat gesiegt, hörst Du? Vergiß nicht —

Wilhelm.

Gott erhalt' ihn, den Fritz! — Grüß' mir die Guste! (Er stirbt.)

Franz.

Ich will's. Ich will sie grüßen, bleib' ich am Leben. Ach, Wilhelm! Herzenswilhelm! — Er hat's ausgemacht. —

(Sonnenaufgang; der Gesang kommt immer näher; die auf der Bühne stimmen mit ein. Das Orchester nimmt den Choral auf und schließt, nachdem der Vorhang gefallen, mit einer Jubelsymphonie.)

Ende des Vorspiels.

— — — — —

Der Engel von Augsburg.

Ein dramatisches Fragment.

———

———

Der Herzog von Baiern.
Albrecht, sein einziger Sohn.
Des Herzogs Vizedom in Straubing, ⎫
Der Kanzler, ⎬ des Herzogs Räthe.
Graf Törring, ⎭
Hanns Zenger, ein Augsburger, ⎫
Seibelstorfer, ⎱ Bairische ⎬ Ritter und Albrechts Freunde.
Gundelfinger, ⎰ ⎭
Ritter Landsberg.
Der Pfleger vom Albrechts-Schlosse Straubing.
Kaspar Bernauer, ein Baber in Augsburg.
Ein Herold.
Giulio, ein Diener der Isotta.
Ralf, der klugen Frau aus Ungarn Gehülfe.
Ein Knecht des Vizedoms. Ein Zimmermann.
Isotta, Gemahlin Hanns Zengers.
Agnes, Bernauers Tochter.
Walpurgis, Bernauers Schwester, genannt die kluge Frau aus
      Ungarn.
Beate, Agnes Pflegeschwester.
Gäste beim Bankett Hanns Zengers in Augsburg.
Ritter, Knappen, Turniergäste in Regensburg.
Kammerfrauen, Gesinde, Söldner auf Schloß Straubing.
Söldner des Vizedoms.

———

Die Scene im ersten Aufzug in Augsburg, im zweiten in Regensburg und auf dem Schlosse zu Straubing, im dritten und vierten auf
dem Schlosse zu Straubing, im fünften auf dem Schlosse und in der
Nähe des Schlosses von Straubing.
Zeit im Jahre 1436 der christlichen Zeitrechnung.

———

Erster Aufzug.

Erste Scene.
Bei der klugen Frau aus Ungarn.

Walpurgis. Agnes.

Walpurgis.

Siehst Du, das ist mein Zauberspiegel. Dahinter thu' ich ein Bild oder einen lebendigen Menschen —

Agnes.

Aber merkt's denn Keiner, der hineinsieht, daß ein Bild oder ein lebendiger Mensch dahinter ist?

Walpurgis.

Keiner; sonst säh' lange schon Niemand mehr hinein. Wer den Spiegel ansieht, meint, sein Glas ist in die Mauer gefügt. Wer denkt, daß die Wand hohl ist? Und der seidene Flor hinter dem Glase und der feine Rauch, den mein Bursche zwischen dem Glase und dem, was dahinter ist, aufsteigen läßt. Nun, hast Du denn nicht selbst hineingeseh'n?

Agnes.

's ist wahr, Base, es kann's kein Mensch errathen. Wieviel schlägt's da vom Perlaßthurm?

Walpurgis.

Neulich hätt' ich Dich beinah' in den Spiegel gesetzt, wie der junge Damiant seine künftige Frau seh'n wollte.

10*

Agnes.

Schlug das neun?

Walpurgis.

Warum?

Agnes.

Um neun Uhr geht Hanns Zengers Bankett an. Aber der Raimund und die Beate sind noch nicht da. Sie wollen mich abholen zum Bankett. Baf', wie ich mich darauf freue!

Walpurgis.

Dein Vater weiß nicht, daß Du bei mir bist?

Agnes.

Nein, Base. Ihr wißt ja, ich soll nicht zu Euch. Ich darf auch Niemand sagen, daß Ihr meine Base seid. Der Vater ist wunderlich.

Walpurgis.

Mir recht. Es wär' auch eine rechte Ehr' für mich, müßten die Leute in Augsburg, daß ich des Baders Bernauer Schwester bin. Zu der weisen Frau aus Ungarn kommt Vornehm und Gering, in ihren Spiegel zu seh'n; zur Walpurgis Bernauerin, dem Augsburger Stadtkind, käm' kein Hund, und ich müßte verhungern. Hätten sie mich in Augsburg nicht vergessen, ich wär' nie wieder hierhergekommen.

Agnes.

Hat's nicht draußen gehustet? Wär's der Raimund und die Beate, sie kämen herein.

Walpurgis.

Du kannst das Bankett nicht erwarten.

Agnes.

Ja, die vielen Lichter und die vornehmen geputzten Leute! Wie die glücklich sind! Und doch sagt mir nur, Base, wie so eine traurig sein kann?

Walpurgis.

Du red'st von des reichen Hanns Zengers junger Frau?

Agnes.

Ja, wie sie heut' mit durch die Straßen zog! Die dicken

schwarzen Locken voll Edelgestein, wie Johanniswürmchen in einem dunkeln Busch, die weichen weißen Hände, Finger an Finger golden von Ringen, wie eine Fürstin, den weißen runden Hals zurückgebogen, ich und all' die Menschen darum sah'n nichts, als sie, und sie — so kalt, so finster, so — als wär' ihr Glück zum Ekel — sagt mir nur, Base, wie so eine so sein kann?

Walpurgis.

Nun, sie wird an ihre Heirath gedacht haben; sie ist aus Genua in Welschland; ich war auch dort mit meinem Spiegel; da ist's anders als hier, und sie soll den Hanns Zenger nicht gemocht haben; ihre Aeltern haben sie gezwungen, ihn zu frei'n; und vielleicht hat sie einen andern lieb gehabt; wer weiß das?

Agnes.

Wenn tausendmal! ich an ihrer Stell' hätt' Alles vergessen.

Walpurgis.

Du denkst; ja, Du weißt noch nicht, wie Liebe thut.

Agnes.

Doch, Base; hab' ich nicht den Vater lieb und den Raimund?

Walpurgis.

Ja, was Du jetzt lieb haben nennst.

Agnes.

Aber das ist der Raimund doch?

Ralf sieht herein.

Ralf.

Eine vermummte Dame will Euch sprechen, kluge Frau; aber allein.

Walpurgis.

Geh' in die Kammer so lang. Eine Lampe ist drinn. Da hast Du was zu spielen.

Agnes.

Der schöne Schmuck! darf ich ihn auch unthun?
(Sie geht in die Thüre).

Walpurgis.

Wie Du willst; nur halt' dich ruhig. Nun laß' die Dame herein, Junge.

Jsotta tritt herein, vermummt.

Jsotta.

Seid Jhr die kluge Frau aus Ungarn?

Walpurgis.

So nennen sie mich im Reiche Frankreich, Welschland und
Böhmen. Kommt näher, edle Dame. Was wollt Jhr, edle
Dame? Wollt Jhr den Spiegel fragen, den Albertus Magnus
durch seine dienenden Geister aufgerichtet hat? Edle Dame, was
wollt Jhr? Edle Dame, sagt an!

Jsotta.

Nicht ich; ein Anderer will Euern Spiegel fragen. Aber
laßt Eure Fratzen; bei mir sind sie nicht angewandt. Hier setzt
— was seht Jhr hier?

Walpurgis.

Einen Beutel voll Gold, edle Dame. Dukaten aus Ungarn,
aus meinem Vaterland. — Ei ja, mein Vaterland ein reiches Land!

Jsotta.

Soviel vorher, und zweimal soviel nach dem Dienste, den
Jhr mir leisten sollt. Wollt Jhr?

Walpurgis.

Jhr seid rasch, edle Dame; Jhr seid kein deutsches Blut,
edle Dame.

Jsotta.

Das kümmert Euch nicht. Jch bin rasch, weil die Zeit mich
eilen heißt. Wollt Jhr? Laßt mich's wissen!

Walpurgis.

Ei nun, vielleicht, edle Dame — wenn ich ihn erst weiß,
edle Dame, den Dienst.

Jsotta.

Nun so hört: Der junge Herzog Albrecht von Baiern ist
hier in Augsburg zu Hanns Zengers Nachhochzeit als Gast.
Er wird zu Euch kommen und Euern Spiegel fragen — ich sag'
Euch vorher, was? Er wird Euern Spiegel fragen nach dem
Weibe, das ihn lieben kann. Jhr lacht und habt eine falsche
Antwort auf der Zunge! Er meint das Weib, das ihn lieben

kann, den Albrecht, den Menschen, nicht den Fürsten. Oft be=
trogen, noch zuletzt von einer fürstlichen Braut, traut er schwer.
Sein Vater und dessen Räthe dringen auf eine neue fürstliche
Verlobung; er will nur ein Weib, das er selbst gewählt, dessen
Liebe er gewiß, sei sie Fürstin oder Bettlerin.

Walpurgis.

Ja, edle Dame, die Zeit steht auf dem Kopfe, edle Dame;
Oben will himunter, Unten will hinauf. Die neue Lehr' da von
Böhmen herüber — vor acht Tagen haben sie 30 Menschen ver=
brannt, da um in Regensburg — jeder will sein Gesetz aus sich
nehmen. Der heimlichen Heirathen sind mehr, denn der öffent=
lichen; Gott besser's, bet' ich; denn, edle Dame, ich bin keine
Hexe, ja, edle Dame, ich bin keine Hexe, ich bin nur eine kluge
Frau. Aber Euer Begehr, edle Dame, Euer Begehr?

Jsotta.

Schlug's nicht vorhin am Perlaßthurm? Ich muß fort.
Mit einem Worte denn: Ihr sollt dem Herzog Albrecht in Euerm
Spiegel eine Dame zeigen, die Dame, die den goldnen Lohn Euch
bietet, die mich schickt!

Walpurgis.

Hm, sie ist vornehm; sie will Herzogin sein. Sie meint,
eine Krone ist drei solcher Beutel werth. Sie meint, um drei
solcher Beutel kann ein Spiegel lügen.

Jsotta.

Wahrlich, nie sprach Euer Spiegel so wahr, als wenn er
die Dame, die mich schickt, ihm zeigt. Sie will nicht Herzogin
sein; sie ist schon gebunden. Der Zwang der Aeltern verkaufte
sie einem reichen Werber, den sie haßt, wie sie den Herzog Al=
brecht liebt. Doch sie will nicht fremde Schuld büßen, nicht
schon bei ihrem Leben, ein marmorn Weib, liegen auf ihrer Gruft;
den Hund zu des Grabsteins Füßen läßt sie den Närrinnen des
Buchstabens. Liebesbedürftig, reich an ungeweckter Liebe, frei
vom Formelnkram der Welt, wie Herzog Albrecht —

Walpurgis (für sich).

Hm; die Dame seid Ihr selbst.

Jsotta.

Doch wozu das?

Walpurgis.

Ei, ich will seh'n, ich will seh'n, edle Dame. Will der Spiegel dem Herzog die Dame zeigen; nun, ich will ihn fragen. Ich sag's Euch morgen wieder.

Jsotta.

Morgen denn, und fragt den Spiegel, was Euer Lohn sein wird; vielleicht zeigt er euch einen Beutel mit Ducaten mehr. Ich muß fort. Also morgen. (Sie geht).

Walpurgis.

Hm, vier Beutel solcher Ducaten. Hundertmal schon hab' ich's billiger gethan, was die verlangt. — Nesel, komm' heraus; ich bin allein.

Agnes, mit dem Schmuck geziert, tritt herein.)

Agnes.

Nun, Base, gäb' ich eine edle Rittersfrau?

Walpurgis.

Wie Du schön bist! wie Du schön bist! Kein Wunder, daß Dich die Augsburger ihren Engel nennen.

Agnes.

Und geh' ich auch wie eine Rittersfrau? Seht her.

Walpurgis.

Wahrlich, Du könntest einen dazu bringen, daß er sein Wappen und Deine Abkunft vergäß'!

Agnes.

Gestern hört' ich wieder Einen hinter mir her sagen, wie ich von der Kirche kam: Wahrlich, wär' der ärmste Ritter ihr Vater, sie sollte meine Gräfin sein!

Walpurgis.

Was mir da für ein Gedanke kommt! Mädel, Du könntest ein Herzogsschätzchen werden, wenn Du wolltest. Wirst Du roth bis in den Hals hinein? Nun was ist Dir, Mädel? Warum wirfst Du den Schmuck auf den Tisch?

Agnes.

Ich geh' heim. Der Vater hat recht. Ich komme nie wieder zu euch.

Walpurgis.

Nun, nun, ei, ei —

Agnes.

Weil ich arm bin und eines Baders Tochter, meint Ihr, Ihr könnt mit mir reden, wie —

Walpurgis.

Mädel! Mädel! bist Du so stolz? Du weißt, wie gut Dir das stolze Wesen steht.

Agnes.

Könnt Ihr zu mir so reden? Hab' ich Euch Anlaß gegeben dazu?

Walpurgis.

Wahrlich, ich glaub', Du brächt'st ihn dazu; und wär' er nicht so, wie die Dame sagte; wenn er dich so säh'! Und wär' er ein Eisblock, und ein Mann ist er doch!

Agnes.

Ich weiß nicht, was Ihr da redet? Ich geh', Base —

Walpurgis.

Nun, ich mein's nicht bös. Der Herzog Albrecht ist hier; er will in meinen Spiegel sehn. Das Weib will er seh'n, das ihn lieb haben könnte; da dacht' ich, wenn er Dich säh' —

Agnes.

Redet Ihr wieder so?

Walpurgis.

Nein, an das Schätzchen dacht' ich nicht mehr. Nein, Nesel; aber er will nach seinem Sinn heirathen — und wär's eine Bettlerin, die ihn lieb hätte, er würde sie zu seiner Herzogin machen.

Agnes.

Was sagt Ihr, Base? Und er will sie in Euerm Spiegel seh'n?

Walpurgis.

Es war ein Einfall. Ich bin eitler in Dir, wie ich's in

mir war. Und ich war auch nicht häßlich; wahrlich nicht; aber so schön, wie Du — Nesel, wenn ich Dich so anseh', ich glaub', es ist nie ein schöner Weib auf der Welt gewesen — Nesel, ich glaub', säh er Dich in meinem Spiegel, Du würdst seine Herzogin!

Agnes.

Das sagt Ihr nur so. Ein Herzog und eine arme Baders= tochter! Das wäre das erstemal.

Walpurgis.

Ei, Alles ist einmal zum erstenmal gewesen; und was alle Tage geschieht. Die Sonne ist einmal zum erstenmal aufgegan= gen. Nun, es war ein Einfall. Und wer weiß, ob's Dein Glück wäre. Ei, ich hab' mich umgesehen in der Welt; ich hab' die Herzen pochen hören, unter dem Sammet und unter dem Bauern= tuch; aus dem sonnenverbranntesten Gesicht strahlten die hellsten Augen, leuchtete das hellste Herz.

Agnes.

Base, ich wollt', Ihr hättet mir nichts gesagt!

Walpurgis.

Denk', es war Scherz.

Agnes.

Das will ich auch, das will ich auch, Base.

Ralf tritt ein.

Ralf.

Zwei Ritter sind draußen; der Eine will in Euern Spiegel seh'n. Es ist der Herzog Albrecht. Er will nicht gekannt sein; das Gesicht hat er vermummt, aber sein stolzes Wesen nicht. Laß' ich ihn herein?

Walpurgis.

Wart' noch. Was zeig' ich Ihm? Er muß morgen wieder= kommen; die vier gold'nen Beutel laß ich nicht im Stich.

Agnes.

Er ist's? Base! Und ihr meint wirklich —

Walpurgis.

Was, Nesel?

Agnes.

Ihr wißt's —

Walpurgis.

Mädel, sei klug! Ja, ich wollt', ich hätte Dir nichts davon gesagt. Und hast Du's nicht vergessen wollen? Du zitterst?

Agnes.

Vaf', weil ich denke, jetzt ist's in meiner Gewalt und, thu' ich's nicht, müßt's mich reu'n, so oft ich daran dächte. Erst war's, als könnt's nicht sein; nun ist's als könnt ich nicht leben, wenn's nicht wär'? Vase, sagt mir nur, meint Ihr, daß es werden kann —

Walpurgis.

Wenn Du's klug anfing'st, — wie er ist und wie Du aus= siehst — Mädchen, Du machst, daß ich schwindle wie Du.

Ralf.

Er will nicht mehr warten.

Agnes.

Vase, laßt mich in den Spiegel!

Walpurgis.

Und wenn Dich's reute? Wenn Du mir die Schuld gäbst einmal?

Agnes.

Nein, Vase, nie; mag's werden, wie es will!

Walpurgis.

Nun, so komm'! Laß sie herein, Ralf, die beiden Herrn.

Ralf.

Geht nun; und ich will Euch erscheinen und verschwinden lassen, als wär' ich ein Hexenmeister gewesen, schon wie der Teu= fel noch in die Schule ging. Kommt herein; bald wird die kluge Frau erscheinen.

Albrecht und **Seibelstorfer** treten ein.

Seibelstorfer.

Und Ihr glaubt mir nicht? Hunderte sind als Zweifler hier hereingekommen und als Gläubige wieder gegangen. Die schwie= rigsten Fragen, wenn man noch von schwierigen Fragen in Augs= burg reden kann, seit die kluge Frau aus Ungarn hier ist —

Albrecht.

Pah! Fragen ist nie schwierig gewesen, nur das Antworten.

Seibelstorfer.

Aber was wollt Ihr hier, wenn Ihr nicht glaubt?

Albrecht.

Guter Junge, was ich den Spiegel fragen will, zeigt mir keiner, und wär' er, was man von diesem sagt, allwissend. Was ich sehen möchte, ist nicht auf der Welt.

Seibelstorfer.

Und doch wollt Ihr ihn fragen?

Albrecht.

Bis zum Beginn von Hanns Zengers Bankett ist noch eine ganze halbe Stunde. Der Tag hat vierundzwanzig Stunden, die Stunde sechzig Minuten; daß jede dieser Minuten zur Ewigkeit werden kann, davon hat Deine lammäugige Geduld keine Ahnung; Du wirst erst nach Deinem leiblichen Tode in's Fegefeuer kommen. Ich will mich im Voraus an den Minuten rächen; ich will sie tödten, bis die kommt, die mir's mit Gleichem vergilt.

Seibelstorfer.

Dort unter dem rothen Vorhang ist der Spiegel. Hier in diesem Kreise müßt Ihr steh'n, wenn Ihr ihn fragt! Dann — aber da kommt die weise Frau selbst.

Walpurgis tritt wieder ein.

Walpurgis.

Ich bin's, die Ihr nennt. Welcher von Euch ist's, der den Spiegel Albertus Magnus' fragen will? Seid Ihr's?

Seibelstorfer.

Ich nicht.

Albrecht.

Nein, ich, weise Frau.

Walpurgis.

Wer seid Ihr, Herr?

Albrecht.

Ein Mann, der kam zu fragen, nicht gefragt zu werden.

Walpurgis.

Was wollt Ihr fragen, Herr?

Albrecht.

Nichts, was ich von Euch beantwortet haben möchte. Ist
dies Euer Spiegel?

Walpurgis.

So fragt ihn.

Albrecht.

Wie? Höflichkeitshalber? Seine Geister halten auf Etikette.
Seinem Credite wär' es förderlicher, müßt' er nicht nach der
Frage fragen. Nun gut; aber ich will's ihm nicht leicht machen.
Nun denn, Ihr Wundermächte dieses Spiegels,
Wie uns die zuverläff'ge Kunde meldet,
Hineingebannt von Albert Magnus selbst,
Verdrießt's Euch nicht, so redet zu dem Frager!
Doch thut Ihr Eure Wunder nur am Glauben,
So, fürcht' ich, bleibt Ihr meiner Frage stumm.
Ein Etwas trag' ich tief in meiner Seele,
Unglücklich, weil ich's außer mir nicht finde.
Ist's irgend außer mir, nun denn, so zeigt mir's!
Jetzt rollt der Vorhang auf, und es muß kommen.
Wie nun? Ist das die Antwort? Graue Schatten,
Wie wenn am Morgen in Geburtsweh'n sich
Der Nebel windet in der Felsenschlucht;
Und eben so wird die Geburt auch sein,
Ein windig feuchtes Nichts. Hier nehmt, Sibylle.
Das große Nichts der Welt tritt für das kleine
Des Spiegels ein und hilft ihm
Aus der Verlegenheit. Komm', Seibelstorfer!
Doch — wie? — 's ist nicht zu End'? da flammt ein Blitzstrahl;
Die Nebel fallen — rosig steigt's empor — —
Ja! seh' ich denn — ich selber noch in mir?
Ein Weib auf Blumen ausgestreckt zum Schlummer,
Im Traume süß erröthend, hingegossen,
Wie schmelzende Musik im stillen Thal,
Wie Mondenschein, wenn Nachtigall am Bach
Im Hauch dahin stirbt, der das Menschenherz

In Sehnsucht schwellt, dem Menschenmund unsagbar.
Bei meinem Gott! Das ist es, was mir fehlt.
Und, Spiegel, Deinen Geistern bitt' ich ab
Den Zweifel, der Dich kränkte. Doch das Bild
Glaub' ich nicht Dir, nein, ich glaub' Dich dem Bilde.
Du könntest lügen, dieses Weib kann's nicht;
Wie schön ist dieses Weib, bei Gott, dies Weib ist schön!
Doch das ist's nicht — Wahrheit — das ist's — der Duft
Unabgestreift urwirkender Natur,
Als käm' es eben aus der Schöpf'rin Hand
Und duftet' noch von ihrem Hauch. Wo bist Du?
Daß ich Dich finde! Bist Du frei? Ja, noch
Schrieb Liebe nicht in dieses Himmelsbuch.
O Wahrheit, meine Göttin, fleischgeworden!
Wie? schwind'st du hin? Ihr Silberwölkchen, muß
Wahrheit verschleiert sein auf dieser Welt
Nach kurzem Augenblick des Schaun's? Noch einmal,
O Spiegel, sei des Bild's Gebärerin,
Mein Herz soll seine Amme sein, es säugend
Mit Sehnsucht, bis mein Urbild ich gefunden.
Fort ist's, und nur mein eigen Bild zeigt mir
Das taube Glas.

Walpurgis.

Spart Euch die Müh', edler Herr. Mein Spiegel antwortet keinem Menschen mehr als einmal, edler Herr.

Albrecht.

So schwellend reich an Treu' in armer Hütte
War einst des reichen armen Heinrichs Weib,
Das arme Schloßverwalterskind, da es,
Den Herrn vom schupp'gen Aussatz zu befrei'n,
Der Schande Trotz bot und dem blut'gen Tod
Und mit ihm zog, das zarte Weib, allein.
So lag sie unter'm Messer dort des Schlächters,
So sah sie Heinrich, als gestürzt er kam,
Das Messer wegriß aus des Schlächters Hand,

Und rief: nein, lebe! ich will elend sein!
Dies süße Antlitz war's, das zürnend weinte,
Zum erstenmal dies sanfte Leben zürnend, —
Und Zorn stand lächelnder auf diesem Antlitz,
Als Lächeln auf dem Antlitz and'rer Frau'n —
Daß sie nicht sterben sollte, ihn nicht retten;
So lächelnd, daß das Schicksal selber weinte
Und Heilung lächelte dem armen Heinrich
Ohn' Opfer, und des treuen Weibes Willen,
Zu sterben, für die That sich g'nügen ließ.
Und nun, wie jener Heinrich einst, in Gold
Gehüllt, dem armen Schloßverwalterkind.
Den Brautkranz in die blonden Locken flocht,
So, von noch schlimm'rer Pest durch Dich geheilt —
Thu' ich mit Dir; sei Du noch niedriger
Als Niedrigkeit, als Armuth ärmer noch,
Ich nenn' Dich Weib und meine Herzogin,
Und schlägst Du Deine Wurzeln all' in mich,
Mit meinem ganzen Herzblut nähr' ich dich.
Demanten geh'n verloren, Sterne nicht;
Gedächtniß! einer Schwäbin war die Tracht, —
Ich will sie finden, sollt' ich Hütt' um Hütte
Durchsuchen müssen. Diese Nacht noch reis' ich.
Und find' ich dich — sei du noch niedriger —

Seibelstorfer.

Und das Bankett Hanns Zengers, gnädiger Herr?

Albrecht.

Wie? giebt es and're Dinge noch? So sieht
Das Aug', das in die Sonne sah, erst nichts
Als sie, auch noch, wenn es sie nicht mehr sieht.
Nun denn! Zu dem Bankett, denn ich versprach's.
So lange wandle, Schatten unter Schatten,
Und thu', als wären's Menschen; rede, lache,
Wovon die Seel' nichts weiß; als wärst du hier,
Derweil Du fern bist auf dem Weg zu ihr.

Hier nimm', Sibyll', und mehr noch send' ich Dir.
Doch dann such' Deinen Pol, Magnet, fühllos
Der ganzen leeren Welt, die sie nicht ist.

Albrecht und **Seißelstorser** ab. **Ralf** tritt ein.
Walpurgis.
Dank' edler Herr; bitte, edler Herr, recommandirt meinem
Spiegel weiter, edler Herr!

Agnes tritt ein.
Agnes.
Nun komm' heraus, Mädchen; es ist gelungen. Er will
Dich suchen in ganz Schwaben; er muß Dich finden, wenn und
wo er's nicht erwartet: noch heut auf Hanns Zengers Bankett. Wer ist da draußen?

Ralf.
Der Raimund, Eures Vaters Geselle, und Jungfer Beate,
Eure Gespielin.

Walpurgis.
Sie kommen, Dich zum Bankett abzuholen. Sei klug, Mäd-
chen, sei klug! Thu' nicht, als wüßtest Du von ihm. Es weiß
Niemand, daß ich Deine Bas' bin, als die Deinen, und die sa-
gen's Niemand. Aber nicht einmal, daß Du mich kennst, darf
Jemand wissen; er, der Herzog, am wenigsten.

Raimund, Beate treten ein.
Raimund.
Hörtet Ihr mich nicht rufen, Jungfrau Agnes?

Beate.
Komm, schnell; das Bankett ist schon angegangen.

Walpurgis.
Und doch, Nesel — wenn Du Dir's aus dem Kopfe schlügst
und gingst gar nicht hin!

Agnes.
Gebt Euch keine vergebliche Müh', Base; und sollt's mein
Tod werden, ich muß hin. Kommt! (Gehen ab.)

Walpurgis.
Pack' zusammen, Junge; diese Nacht müssen wir heimlich
aus Augsburg. Spute dich!

Zweite Scene.

Nebengemach zum Bankettſaale bei Hanns Zenger.

Hanns, Iſotta, Kanzler, Seißelſtorſer von der einen, der **Vizedom**
und **Törring** von der andern Seite herein.

— ·· —

Kanzler.

Geſchäfte allerlei — ei, nun man hat's
Erlebt, daß mit dem beſten Willen man
Zum Lügner wurde — Frage, Rath, Beſprechung,
Das ſpinnt ſich aus ſich ſelber unvermerkt,
Daß Zeit, in ihre Maſchen eingefangen,
·Sich ſelbſt vergißt —

Hanns.

Ja, in der That, Herr Kanzler,
Eu'r ſpätes Kommen thut dem Feſt zu nah' —

Kanzler.

Ei, bitte ſehr, nur mir. Vor zwanzig Jahren
Fand ich vielleicht den Vorwurf mehr gegründet.
Doch wie es zu geſchehen pflegt, das Schlimme
Entſchuldigend oft machen wir es ſchlimmer.
Drum ſoll Entſchuldigung nicht länger mir
Verhindern, was nicht zu entſchuld'gen wäre:
Des Feſtes Dame ſchuld' ich noch den Gruß.

Hanns.

Hier, Herr Kanzler, ſeht die hübſche Italiänerin, die ſich mir
an den Hals warf, als ich, kaum in Genua angekommen, den
linken Fuß noch im Steigbügel hatte.

Vizedom (näher tretend.)

Verzeiht Hanns Zengern ſeine Art, Madonna!
Denn ſo verwachſen iſt ſein Gut's und Schlimmes,
·Daß man nicht ſcheiden darf.

Ifotta.

Herr Vizedom,
Noch fragt' ich keinem nach; gleichgültig ist mir
Das Eine, wie das And're.

Kanzler.

Wie nur gelang's Euch,
Den schönsten Strahl Italiens heit'rer Sonne
Dem nebelvollen Deutschland zu gewinnen?

Hanns.

Ei, das bedarf auch der Erzählung. Kennt Ihr das alte
Lied nicht, Herr Kanzler? Sie sahen sich und schmachteten; sie
wollten zusammen oder sterben. Ich verbrauchte zwei Lauten,
die eine zerspielt' ich, die and're ging von meinen Thränen aus
dem Leim. Madonna starb vor Sehnsucht fünfundzwanzigmal
jeden Tag, bis die Kupplerin Sonne erwachte, den Lilienkelch
schaukelte, da flossen die beiden Thautropfen darin in einander.
Ei, Madonna, mein Evangelium erbaut Euch nicht.

Ifotta.

Bemüht Euch nicht, ich höre nicht darauf.

Hanns.

Nun das war's, was mich an Euch reizte. Ueber die Nar-
ren, die aus der Ehe einen ewigen Liebesrausch machen wollen.
Ei, Liebe als Lebensaufgabe betrachtet, macht den Mann zum
Weibe! Also, vernünftig zu reden, Madonna's Vater, Graf
Viviani, und ich begriffen, Alles sei vorhanden, was zu einer
vernünftigen Ehe nothwendig: Gleichheit des Standes und der
Güter; nichts fehlte, als was in Fleisch gefaßtes Aechzen Liebe
nennt, — und das war nur ein Vorzug unserer Ehe mehr, wenn
es auch Madonna damals nicht begriff. — Aber was? seid Ihr
schon zum Gehen gerüstet, gestrenger Herr Vizedom und Herr
Graf Törring? Wollt Ihr meinem Feste einen gewaltsamen Tod
bereiten, indem Ihr ihm den Kopf nehmt?

Vizedom.

Es wäre Niemand, der es uns mehr verdenken müßte, als
Ihr, Herr Zenger, vergäßen wir das Turnier zu Regensburg.

Wir sind zu dessen Vögten erwählt und müssen die Ersten auf
dem Platze sein. Madonna, dürft' ich mit stechen, Ihr müßtet
meine Dame sein! So empfehl' ich mich Eurer Huld. Seine
fürstlichen Gnaden, Herzog Albrecht seh' ich nicht beim Feste.
Euch und ihn begrüß' ich übermorgen beim Turnier. Und so
lebt wohl!

Hanns.

Wollt Ihr den Ehrentrunk versäumen? Ei, gestrenger Herr
Vizedom, ohne den sollt Ihr mir nicht geh'n.

(Alle ab.)

Albrecht und **Agnes** treten auf.

Agnes.

Mein Vater will, der Raimund wird mein Mann.

Albrecht.

Und Ihr? Wollt Ihr das auch?

Agnes.

Was kann's Euch helfen,
Wenn Ihr das wißt?

Albrecht.

Wenn ich der Raimund wär',
Sagt mir, fiel dann Euch das Gehorchen schwer?
Schwerer als nun?

Agnes.

Was fragt Ihr? Laßt mich geh'n!

Albrecht.

Nicht eher, bis ich Dir in's Aug' geseh'n.

Agnes.

Ich bitt' Euch —

Albrecht.

Gut; doch süßer mußt Du bitten.

Agnes.

Faßt mich nicht so; das hab' ich nie gelitten!

Albrecht.

Wollt' ich Dir weh thun, so bescheine nicht
Der Strahl mehr Deiner Himmel mein Gesicht.
Doch sprich, was ich gefragt.

11*

Agnes.

Wollt' ich's Euch sagen,
Ihr ängstetet mich nur noch mehr mit Fragen.
Ihr kennt mich wenig Stunden noch,
War't vorhin so bescheiden doch.
Nein, seid nicht traurig; ich will Euch nicht kränken,
Allein was müßtet selbst Ihr von mir denken?

Albrecht.

Von Dir? Was von Dir denken?
O, von der eig'nen Lüge angetrübt,
Vergiftet, Pest bis in die Fingerspitzen,
Säh' nicht die eig'ne Wollt' in Dich hinüber.
Was von Dir denken? Was vom Demant denken,
Deß' tiefste Seele, Licht, den ganzen Leib
Erfüllend, ihn durchgeistet?
Und wie? Nur wenig Stunden kenn' ich dich?
Und warst in meiner Seele, weil sie weiß,
Erst schlummernd, dann erwachend mit ihr selbst,
Ihr erstes Sehnen und ihr letztes, bis
Du selber Dir entgegentratst, dich fandest,
Und an Dir selbst beseligtest?
Und wärst Du mir noch fremd — zu lange wählt,
Wer das Vollkomm'ne nicht beim ersten Blick
Ergreift; zu kurz, wer um den Mangel
Sich Jahre lang im Wählen dreht. —

Agnes.

Ja, nun versteh' ich Euch schon wieder nicht.

Albrecht.

Gut so; verständest Du's, du wärst es nicht.

Agnes.

Ich bin ein ehrlich Mädchen, laßt mich, Herr!
Die Leute werden reden.

Albrecht.

Was von Euch denken? Und was denket Ihr
Von mir?

Agnes.
Laßt mich's nicht sagen — nein —
Albrecht.
Erröth'st Du?
So schämt Natur sich ihrer nackten Schöne,
Weil Bildung, überputzt, stolzirt
Mit ihrer Häßlichkeit. O Flittern! Tröbelkram!
Agnes.
Ich kann's nicht, bin so klug nicht, wie Ihr seid.
Albrecht.
Ha! bin ich etwas mehr? Dann weg damit!
Denn Mangel ist's, nicht Reichthum. Was ich klüger bin,
Als du, bin ich zu klug. Mit Bildung überkupfern wir
Das Silber der Natur. Sprich, sprich: was denkst Du
Von mir?
Agnes.
Das Beste dächt' ich gern; gewiß!
Albrecht.
Ihr kennt mich nicht?
Agnes.
Nein, Herr.
Albrecht.
Seht mich, wie ich hier stehe,
Ein Mann, von Anseh'n, so wie and're auch,
Mit dem, was Glück die Leute nennen, reicher
Bedacht, als Viele, dennoch ärmer
In meinem Wissen, dem dies Glück nichts weiter
Als müß'ge Zierrath, als ein gold'ner Knopf
Am Mantel; doch 'ne Welt trag' ich in mir
Für Euch, darin zu herrschen; seht, ein Mann,
Der ganz sich gibt, doch ganz auch nehmen will!
Sprecht, daß Ihr mein seid, und ein Priester fügt
Die Hände uns, den Seelen nachzuthun.
Agnes.
Der Raimund und die Beate werden mich vermißen.

Albrecht.

Wie, sprichst du nichts? Vor Wonne bang;
So würzt die Blum' der Thau in süßen Nöthen:
O so, mein süß' Erröthen,
Schweigst du beredter, denn je Rede klang!

(Beide in den Saal.)

Hanns, Jsotta, Seibelstorfer treten auf.

Seibelstorfer.

So ist's. Er sah die Dirne im Spiegel der Heze, fand
sie hier, ließ die heimliche Trauung bestellen, der Priester wartete
im Margarethenkirchlein, eh' er noch geworben hatte — Sehen,
Vergaffen, Werben, Heirathen, Alles in kaum vier Stunden und
— nun, Baiern hat eine Herzogin.

Hanns.

O Wetter! ich handelte und zankte mit meinem Schwiegervater eben soviel Tage lang um ein elendes Pferd — nein, elend
war es eben nicht, aber doch nur ein Pferd — das ich noch
haben wollte, und — Wahrheit muß an's Licht, Madonna —
gab Euer Vater den Schecken nicht, ich brach die Verhandlungen
ab und ließ Euch sitzen. Und Der — hat man je so was gehört!

Jsotta.

Und suchtet Ihr nicht ihn abzuhalten?

Hanns.

Abhalten? Den? ei, Ihr kennt ihn nicht. Ihm widerrathen, um
ihn nur eigensinniger zu machen? Was wollt Ihr ihm sagen?
Sagt ihm, Ihr wollt Fürst sein und ein Liebesheld zugleich?
Eins wird das Andere verderben, der Fürst wird am Liebhaber
scheitern, der Liebhaber am Fürsten; Ihr werdet beides verlieren!
Sagt ihm das und er antwortet Euch: eben darum, um Euch zu
beweisen, daß ich Beides zugleich kann! Was Ihr ihm einwenden
mögt in Rücksicht auf Stand, Staatsklugheit und was sonst
seine Heirath zu einem dummen Streiche macht — nun, es sind
eben Vorurtheile und er wird Euch weisen, daß man die Wahrheit des Lebens in der Wirklichkeit durchsetzen kann. Sagt ihm:
man darf nicht Großes und Kleines um denselben Preis kaufen

und jedes mit seinem ganzen Ich bezahlen, ei, dafür ist die Scheidemünze da; man muß dem Augenblick geben, was ihm gehört, aber nicht mehr, sonst findet uns der andere Tag bankerutt; sagt ihm das, sagt ihm, was ihr wollt, — er wird die Achsel zucken, und aus der Glorie seiner vermeinten Ueberlegenheit heraus mitleidig lächeln: Ihr seid eben der kalte Hanns! Hitze, Tollheit ist ihm die einzige Tugend, die er gelten läßt. Kommt, Seibelstorfer, laßt uns mit Wein hinunterschwemmen, was unser Verstand nicht schlucken mag. Er wird die Dirne auftrinken, wie ein heißer Sonnenstrahl den Tropfen Thau.

(Ab.)

Seibelstorfer (für sich.)

Und Ihr werdet mit Eurer Kälte Euer heiß italienisch Weib wohin treiben, wo Eure Ehre toll werden muß, sie zu finden. Ich lobe mir eine Ehe, weder vom Verstand der Liebe, noch von der Liebe dem Verstand zum Trotze geschlossen.

(Ab.)

Isotta.

Klar ist's, die Hexe hat benutzt, was sie von mir wußte, die Dirne in seine Liebe einzuschwärzen. Es darf ihr nicht gelingen, Herz!

Giulio.

Gnädige Frau —

Isotta.

Was thun? — Giulio, Du mußt dem Vizedom nach und ihm einen Zettel in die Hand spielen, doch so, daß er dich nicht fragen kann. Dann — weißt Du an die Hexe zu kommen, die sich die kluge Frau aus Ungarn nennen läßt?

Giulio.

Ihren Helfershelfer lernt' ich in Genua genauer kennen, als ihm lieb war, und frischte hier die Bekanntschaft auf.

Isotto.

Geld, List, Gewalt, brauch', was Du willst! Noch diese Nacht mußt Du mir sagen können, wie die Dirne zu ihr steht, die sie Herzog Albrecht diesen Abend in ihrem Spiegel zeigte.

Geh' — doch ich muß erst den Zettel schreiben für den Vizedom.
— komm'!

(Beide wollen ab.)

Seibelstorfer kommt.

Seibelstorfer.

Schnell, gnädige Frau! Die Dirne ist entführt; wir sollen
Zeugen sein bei der heimlichen Trauung; Euch blüht die Ehre,
der Baderherzogin Gesellschafterin zu werden. Hanns Zenger
holt seinen Mantel und flucht. Eilt, ich bitt' euch!

Isotta.

Ich werfe nur ein Gewand über gegen Nachtluft und neu-
gierige Augen. Komm', Giulio, den Zettel an den Vizedom!

(Alle ab.)

Raimund tritt auf.

Raimund.

Ich finde sie nicht, sie nicht und die Beate nicht. Fortwährend tanzte sie mit dem Manne, der Herzog Albrecht gewesen
sein soll. Er sprach in sie hinein, sie hörte nichts als ihn.
Raimund! Raimund! wär's wahr, was Du fürchtest. Was
dann? Lärmen machen? Nein. Ich geh' heim und rufe den
Meister!

(Ab.)

Dritte Scene.

Eine Straße in Augsburg.

(Ein Glöcklein läutet.)

(Es treten auf **Albrecht, Agnes** am Arm, **Hanns, Isotta,
Seibelstorfer,** Alle vermummt.

Albrecht.

Und so verklang der letzte Orgelton;
Der Mönche Glöcklein schwingt die Silberzunge

Und kündet zu den goldnen Sternen auf:
Nie heiliger ward eine Eh' geschlossen.
Du weißt nun, wer ich bin, mein süßes Lieb!

Agnes.

Ja, Herr —

Kaspar und Raimund kommen.

Raimund.

Da sind sie!

Kaspar.

Dirne, hab' ich dich?

Agnes.

Mein Vater, Herr!

Albrecht.

Das trifft sich gut; mein Lieb,
Erblaß' nicht so! Willkommen, wack'rer Alter;
Ihr trefft uns auf dem Weg' zu Euch.

Kaspar.

He, Dirne!
Fort, her zu mir und mit nach Haus! Hörst Du?

Albrecht.

Hört Ihr uns, Alter!

Kaspar.

Ei, nichts da, mit Der
Hab' ich zu schaffen hier und sonst mit Niemand!
Das ist mein Kind. Wie? oder bist Du's nicht?
Bist Du 'ne Dirne?

Agnes.

Vater, sprecht nicht so!
Ich bin ein ehrlich' Weib —

Kaspar.

Ein ehrlich' — pfui doch!

Hanns.

Kennt Ihr mich, Alter?

Kaspar.

Ja; Ihr seid Hanns Zenger.

Hanns.
Was gebt Ihr auf mein Wort?

Kaspar.
Nach dem es ist;
In and'rer Sache viel, in dieser nichts.

Seibelstorfer.
Ich, Kunz, der Seibelstorfer, schwör' Euch zu:
Der Mann hier und dies Weib sind Mann und Weib,
Durch heil'gen Schwur und Kraft des Sacraments
Und Priestersegen am Altar geeint.

Hanns.
Und so thu' ich, mit Namen Hanns von Zenger.

Kaspar.
Ja, Spiegelfechterei!

Seibelstorfer.
Und so gebt Raum!

Kaspar.
Nicht für den Teufel, aller Lügen Vater,
Noch für 'nen Nestling seiner Brut;
Just klug genug, ein Gänschen zu betölpeln,
Wo eig'ne Dummheit dritter Mann im Spiel;
Mich angelt Ihr mit solchem Köder nicht.

Agnes.
Ihr kennt mich, Vater; nicht um alle Welt,
Um allen Glanz und alle Pracht nicht ward' ich
Hier meines Herrn, noch irgend eines Mannes,
Gott weiß und Ihr, als etwas And'res sonst,
Denn als sein ehrlich Weib allein. Vor Zeugen,
Die Lichter brannten und der Priester eint' uns;
Vor'm heil'gen Altar tauschten wir die Ringe;
Die Orgel klang vom Chor, das Glöcklein schallte;
Der Priester fragte, und wir sagten Ja,
Der Priester segnet', und wir sprachen: Amen.
Nichts ward vergessen, auch das Kleinste nicht.
Recht ist die Eh' und ich ein ehrlich Weib!

Kaspar.

Und wär's,
'ne dumme Dirne seid Ihr. Was 'ne Kette
Von Eisen Euch, Dem ist's ein Strohband nur.
Weißt Du, wie lang' geheime Eh' Den bindet?
Nicht länger, als des Blutes Hitze raucht,
Die sie geschlossen.
Meint Ihr, der Sammt zu Eurem Antlitz trägt sich
Nicht ab, wie and'rer Sammt? und länger hält Eu'r Lärvchen,
Als einen kurzen Dirnensommer durch,
So lang' die Rosen blüh'n und Käfer schwärmen?
Und solche Liebe länger, als Eu'r Lärvchen?
Und länger solche Treu', als solche Lieb'?
Und länger solche Eh', als solche Treu'?
Ein kurzer Sommertag, und Euer Sammet
Ist abgetragen, welk und fadenscheinig.
Soll er Euch länger tragen, als sein Wamms?
Dann fort mit Euch und mit dem Wamms zum Trödler!

Raimund.

Vom Vater und vom Himmel mir bestimmt,
Was wollt Ihr bei den Großen? an dem Hofe,
Mit Euer'm Kind'svertrau'n, das sie benutzen,
Und ohne Freund? Ein Eindringling seid Ihr
Dort nur, den man sich gern vom Halse schafft;
Im kleinen Häuschen seid Ihr seine Seele.
Glaubt, nach dem Gärtchen sehnet Ihr Euch noch,
Das jetzt zu klein Euch ist. Er wird's bereu'n;
Denkt an das arme Fürstenweib in Holland,
Das theuer zahlte mit dem Tod ihr Lieben.

Isotta.

Glaubt's nicht! Schlägt jedes Herz am Hof nur halb
In meines Herzens Takt, nie mißt Ihr Freunde.

Raimund.

Glaubt's doch! Am Hofe, heißt's, meint der's am schlimmsten,
Der in's Gesicht am freundlichsten sich zeigt.

Ich bin ein armer Bursch, doch Euern Standes;
Was wollt Ihr mit dem großen Herzog? Seht:
Vornehm erzogen, hat er and're Wünsche,
Ist Anderes gewohnt, als Ihr; was will
Das Vögelchen, im niedern Busch geworden,
Beim Adler, der auf kalter Höhe nistet?

Kaspar.

Noch ist die Eh' vollzogen nicht, wenn Ehe,
Und noch zu trennen.

Raimund.

     Laßt ihn! Geht mit uns!

Albrecht (für sich.)

Jetzt zeige, Liebe, Dich, daß ächt Du bist.
Ich stell's in Eure Hand, hört; Ihr seid frei:
Mein neues Recht geb' ich freiwillig hier
Zurück dem Manne, der es sonst besaß;
Nur Euer freies Wort traut Euch von Neuem
Zum Weibe mir — Wahr ist's, Ihr kennt mich, Agnes,
Seit Stunden erst, und seine Lieb' ist älter,
Als Euer Denken; jeder Eurer Tage
Trägt eine Liebesnarb' von ihm im Antlitz.
Wahr ist's: so, wie er sagt, wirbt Lust der Großen
Und hält geheime Eh' als Köder hin,
So schnell zerrissen, wie geschlossen. Hört Ihr?

Agnes.

Ihr sagt's und seid so klug; Euch glaub' ich's, Herr.
Die ganze Welt ist schlimm, doch Ihr seid's nicht.

Albrecht.

Und bin ich's nicht, kann ich's nicht werden noch?
Macht einen Gott aus mir! Ich bin ein Mensch,
Ein Mensch wie jeder, seht, von Fleisch und Blut;
Mein Denken ist begrenzt; mein Fühlen wechselt
Wie and'rer Menschen Fühlen; was Gewalt
Hat über And're, das beherrscht auch mich;
Gebrechlich ist so Lieb' als Haß in mir.

Nein, sprecht nicht jetzt; sonst schelt' ich Euch leichtsinnig.
Ein Kind, das läuft von einem Spiel zum andern —
Sprecht Ihr und habt bedacht nicht, was Ihr sprecht!

Agnes.

Nun, Vater, seht Ihr doch, wie brav er ist?

Kaspar.

Ich seh', wie klug er ist. Nun sag': ich folg' Euch!
Mach' ihn vom Vorwurf der Verlockung frei!
Wie denn? Du heiße Dirne, rennst du nicht —
Läßt Du so lang' ihn locken? — in die Falle?

Agnes.

Herr, ich bin Euer Weib und muß euch folgen,
Was auch mein Schicksal sei!

Albrecht.

Bist Du's? bist Du's?
Nein, Alter, geht noch nicht! Erst hört mich, Alter!
Du, Seel' der Wahrheit selbst, Du hört'st mich jauchzen,
Bräch' tiefstes Mitleid mir die Stimme nicht,
Daß ich Dich so gequält. — Kommt, Vater, folgt uns!

Kaspar.

Dem Teufel, doch nicht Euch.

Albrecht.

Was soll ich sagen,
Daß Ihr mir glaubt?

Kaspar.

Sagt nichts; das glaub' ich Euch.

Albrecht.

Ihr zürnt —

Kaspar.

Ei gar! Bin ich nicht Dank Euch schuldig?
Blind war ich siebzehn Jahr', Ihr macht mich sehend
Im Augenblick. Wie nun? wer nennt Euch ungleich?
Gleich im Betrug, betrügt Euch — nun, es gehe,
So lang' es geht! Sie lockt Euch, Ihr lockt sie.
Doch fällt's noch 'mal Euch ein, zu prüfen, sagt ihr,

Sie soll nicht Eure Herzogin mehr sein, —
Und seht, wie lang dann ihre Liebe hält.
Die Liebe von zwei Stunden schon so stark?!
Ein ehrlich' Weib! ist's nicht 'ne schöne Scheide,
Die Fürstin drinn zu schützen vor dem Rost?
Ihr seid 'ne Dame; nehmt zum Beispiel Euch
Die Dirne, die mein Kind hieß. Thoren gibt's
Genug; doch Jeder, merkt, ist's nur einmal.
Gewissen, Aeltern zwischen Euch, 'ne Welt, —
Seht, ob Eu'r Leichtsinn das auch überschwatzt.
Ich seg'n Euch nicht und brauch' Euch nicht zu fluchen;
Ihr flucht Euch selbst: Eu'r Thun ist Euer Fluch!
So geh' ich, denn ich sprach und that genug.

(Kaspar mit Raimund ab.)

Albrecht.

Bestürm' ihn wärmer; er muß mit uns geh'n!

(Albrecht und Agnes folgen.)

Seibelstorfer.

Er machte sie fast selber irr'.

Hanns.

Wär's ihm gelungen! Teufel, mach' geschehen ungescheh'n, und nimm, was ich habe!

Seibelstorfer.

Euer schönes Weib ausgenommen.

Hanns.

Nichts ausgenommen, nichts!

Isotta.

Nun, Ihr könntet es billiger haben.

Hanns.

Was?

Isotta.

Etwas, das, jetzt noch ein unsichtbarer Wurzelkeim, anwachsen könnte, Felsen sprengend, geschweige den übereilten Bau dieser Ehe.

Hanns.

Was meint Ihr?

Jsotta.

Sagt mir: Wenn der Herzog, der die Wahrheit in eigener Gestalt in dem eiteln Dinge zu besitzen meint, glauben müßte, die Dirne selbst habe im Spiegel gesessen, wenn —

Hanns.

Wie? Könntet Ihr das? Der Narr einer einfältigen Dirne in all seiner Geistesüberlegenheit? das packte ihn an seiner kitzlichsten Stelle! Wenn Ihr das könntet! Aber — er würde Beweise verlangen —

Jsotta.

Bis morgen, denk' ich, hab' ich sie. Und wenn Ihr helfen wolltet —

Hanns.

Nur? Nur helfen? Was? Ein Lautenspieler will ich werden, alle Mäuse Schwabens mit Eurem Lobe todt singen, Sonnette machen auf Eure Schönheit, noch mehr: die Saiten meiner Natur umstimmen, daß sie selber eine Laute wird für den Milchsinger des blinden Kerlchens Liebe —

Jsotta.

Bemüht Euch nicht; behaltet, oder gebt, wer es haben mag. Mein Grund wäre, daß ich nicht die Magd einer Bürgerdirne sein will.

Seibelstorfer.

Stille! Das Paar kommt unverrichteter Sache zurück. Der Baderschwiegerpapa war unerbittlich.

Hanns.

Thut es, um welchen Preis Ihr wollt; nur, laßt Euch beschwören, thut's!

Jsotta (beiseite.)

Kann auch dieser Eisblock warm werden? So soll meine Liebe seine Freundschaft in ihren Dienst werben, und er selbst soll gezwungen mich zwingen, nach dem zu ringen, wonach jeder meiner Pulse glüht.

Albrecht, Agnes zurück.

Albrecht.

Geliebt's Euch, Hanns, so sind wir diesen Rest
Der Nacht Euch Gäste. Morgen dann mit Frühstem
Nach Straubing, meinem Schloß. Dort gilt mein Weib,
Madonna, Eure Freundin, bis Natur —
Doch unser Wunsch eil' ihr nicht vor, nein, heiße
Sie zögern! — jenen Tagen Grenze setzt,
Die meiner Tage Quell. Dann führ' ich Dich,
Im Diadem auf stolz geschmücktem Roß',
Als Herzogin heim in mein Väterschloß.

(Sie gehen Alle.)

Vizedom und **Törring** im Vorübergehen.

Vizedom.

Ich fühlte den Zettel hier mir in die Hand gedrückt. Aus
Gedanken aufsehend, sah ich keinen Bringer.

Törring.

Ich meinte, Ihr ließet ihn mit Willen geh'n, und faßte ihn
nicht weiter in's Auge.

Vizedom.

Des Mondes Helle reicht nicht hin; in der Herberge will
ich's lesen — oder auf dem Wege nach Regensburg; denn schon
dämmert der Morgen. (Beide ab.)

Raimund (im Auftreten zurücksehend.)

Sagt ja Niemand, Meister, wohin sie ist und was sie geworden ist. Ja nicht! Ich geh' zu des Vizedom's Werbern, der
in Straubing regiert an Herzog Ernst's Stelle. Dorthin will
sie Herzog Albrecht führen. Damit sie eine treue Seele in ihrer
Nähe hat; und daheim konnt' ich nicht bleiben. Sie wird meiner
nicht bedürfen! — ist's doch ordentlich, als thäte mir das leid.
— Hier seh' ich das Häuschen noch, wo sie — Still! Ade,
Augsburg! Mein Glück, ade! (Ab).

Vierte Scene.

Zimmer in Hanns Zenger's Hause.

Agnes, Isotta.

———

Isotta.

Eu'r Vater wohl wird schweigen, theure Fürstin —
So nenn' ich Euch schon jetzt, dem Herzen folgend,
Das jetzo schon als Herrin Euch erkennt —

Agnes.

Ja, Ihr seid herzlich gut, gewiß! ich weiß.

Isotta.

Dennoch, wie leicht setzt das Gerücht aus Fetzen,
Von unbemerkten Lauschern aufgeschnappt,
Zusammen oft, was heimlich bleiben sollte,
Und schreit's auf off'nem Markte aus. So kommt
Der Herzog, Euer Herr, wenn er erscheint
Auf dem Turnier zu Regensburg zur Zeit,
Wo man entführt Euch hält, ihm klug zuvor.

Agnes.

Es war Hanns Zenger's Rath —

Isotta.

　　　　　　　　Ja, seine Kälte
Sah, was Eu'r Herr, in seines Glückes Wärme
Sich wiegend, überseh'n gern hätte.

Seibelstorfer tritt auf.

Seibelstorfer.

　　　　　　　　　　Fertig
Zur Reis' ist Alles, gnädige Frau. Auch steckt
Der Morgen seine gold'ne Fahn' schon auf.
Eu'r Herr auf seinem Weg nach Regensburg
Wird, schaut er um, schon Augsburg nicht mehr seh'n.

Nach Straubing denn, wohin sein Wort uns weis't!
Ich bitt' Euch, nicht zu zögern.

(Seibelstorfer und Agnes ab.)

Guilo erscheint.

Isotta (den Abgehenden nachrufend.)

Geht voran!

Ich folg' Euch schleunig. (Zu Giulio.)

Kommst Du endlich, Giulio? Eil' dich — nur das Was
jetzt, das Wie auf dem Wege!

Giulio.

Der Vizedom hat Euern Zettel und die Hexe — ist des
alten Bader Bernauer's Schwester. Die neue Herzogin war
vor dem Bankett bei ihr und —

Isotta.

Genug! Mach' Dich fertig, dem Herzog nach Regensburg
zu folgen. Ich schreibe schnell die namenlosen Zeilen, die Du
ihm geschickt in die Hände spielen mußt, daß er nicht ahnt, woher! Mach' Dich fertig, Giulio! (Giulio ab.)

Isotta.

Fort muß die Fälscherin! Mein Zettel sagt ihm,
Wie er betrogen ist, und wischt die Schminke,
Die ihn bezaubert, von der Dirne Wangen,
Daß er nichts sieht, als was sie wirklich ist.
'ne dumme Dirne, die, vom Stolz gekitzelt,
Gern Fürstin möchte sein. „Ja, Herr — Nein, Herr —"
Sonst nichts! Und wenn zu Wundertönen tief
Und mächtig Lieb' sein Dichterherz erregt:
„Ja, jetzt versteh' ich Euch schon wieder nicht —"
Und dann das dumme Nicken mit dem Kopf:
„Ei seht doch! Nun, das glaub' ich schon" — so gänsehaft
phlegmatisch,
Daß sich sein stolzer Geist empören müßte,
Zur Dummheit selbst gespannt zu sein, wär' er
Des Zaubers los, der sie zum Wunder lügt.
Daß das geschehe, Klugheit, doppl'e Dich,

Und, Liebe, zeig', wie Du erfinderisch bist:
Zeig' ihm Dich, wie Du bist, und anders doch,
So daß er seh'n muß, Du bist's, was er ersehnt,
Doch nicht die Absicht merkt, die dies ihm zeigt.
Verbirg den blut'gen Hohn und Groll, der aufschwillt
Bei ihrem bloßen Anblick; mach' die Dummheit
Zur Pupp' in deiner Hand, zur Helferin
Gegen sie selbst, durch plumpe Schmeichelei,
Und schreck' vor nichts zurück, daß Dein er sei!
So raub' dem Räuber ihn, stiehl' ihn dem Diebe,
Der Dir gehört nach allem Recht der Liebe!　　　(Ab.)

Ende des ersten Aufzuges.

———

Zweiter Aufzug.

Erste Scene.

Turnierplatz bei Regensburg.

Zwei Zimmerleute sind noch an den Schranken beschäftigt. Ein Herold
mit seinen Dienern.

Herold.

Wer bei dem Turniere zu Regensburg mit stechen will, der
bringe sein Wappen, damit wir untersuchen, ob es ächt sei und
rein, ob er mit stechen darf, und es zurückweisen oder aufhängen
zu den andern. Zur Waffenschau! Zur Waffenschau, Ihr edlen
Ritter!

Der **Vizedom, Törring, Landsberg** und noch einige **Ritter.**

Vizedom (liest von einem Zettel).

„In diesem Augenblicke macht Herzog Albrecht eine schwä-
bische Baderdirne zur Herzogin von Baiern. Herr Vizedom,
Säule des Ritterthums, duldet Ihr das?" — So lautet der Zettel, der mir vor meiner Abreise in Augsburg, wie ich Euch sagte,
in die Hände gespielt wurde und den ich erst auf dem Wege
las. Meint Ihr, der Zettel lügt? Und wenn er Wahrheit spricht,
was dann?

Törring.

Dann frag' ich mit dem Zettel: Herr Vizedom, wollt Ihr das dulden?

Vizedom.

Und ich antworte für den Vizedom: Bei den Gräbern meiner Ahnen, nein!

Landsberg.

Und ich für den ganzen Bairischen Adel: Keiner von uns! Nie soll eine Baderdirne über unsern edeln Frauen sitzen!

Vizedom.
Darum erst zur Frage: ist's wahr?

Landsberg.

In dem Trotz, den sie voraussetzt, trüge die That Herzog Albrechts Stempel. Zeigte er nicht, seit er ein Mann, sich derart, daß wir den Kopf schütteln mußten in ernster Besorgniß, deutete ein Finger auf die Stunde, in der Herzog Ernstens Tod ihn zum Herzog macht und zu unserm Herrn? Fuhr dann nicht unwillkürlich die Rechte nach dem Schwertgriff, als gält's schon jetzt, bedrohte Rechte zu vertheidigen? In schwächlicher Kindheit von den wälschen Denkern und Dichtern, seiner Mailändischen Mutter erzogen, gewann er nie ein Herz für Adelsehre und Ritterthum.

Törring.

Im Letzten irrt Ihr, Herr Landsberg. Kräftiger geworden als Jüngling, holte sein Stolz in feuriger Eile nach, was der kranke Knabe versäumt. Er ruhte nicht, bis er die Besten übertraf in ritterlichem Thun.

Vizedom.

Doch nicht aus Freude an ritterlichem Thun, Graf Törring. Wahrlich nur, um auf diese Vorzüge, die er an sich selbst nicht achtet, bei Andern mit besserer Miene herabsehen zu können. Sein Hochmuth ruht auf seinem Witze. — Was ist das?

Landsberg.

Jauchzen des Volkes; es kommt näher, es kündigt sein Hierherkommen an. Er bringt seinen Schild zur Waffenschau.

Vizedom.

Diesen Spielmann, der ihm voranzieht, wirbt er mit seinem Adelshasse, um ihn einst gegen uns und uns're Rechte zu brauchen.

Törring.

Den Zettel muß Herzog Ernst seh'n.

Vizedom.

Damit, leugnet der Sohn Absalom, die Sache abgethan ist? Bei meinem Eide, nein! Wir fordern ihm im Namen des gan-zen Bairischen Adels sein Ritterwort ab: er sei nicht der schwä-bischen Baderin Gatte. Gibt er's, so ist er's nicht; verweigert er's, so gibt er dem Zettel Recht, so gesteht er öffentlich ein, was den Herzog Ernst und den ganzen Adel Baierns gegen ihn be-waffnen muß.

(**Albrecht** und **Kanzler** treten auf).

Albrecht.

Ich soll mehr an meines Vaters Hofe sein, Herr Kanzler?

Kanzler.

Dann wünscht Euer Vater, unser Herr, Ihr möchtet seine Räthe besser behandeln.

Albrecht.

Er sollte wünschen, sie wären bessere Leute, dann gäbe sich's mit der Behandlung von selbst — Euch ausgenommen, versteht sich, Euch ausgenommen, Herr Kanzler! Aber seht selber diesen Vizedom von Straubing, wie er einhertritt: wie ein Festroß mit dem Verdienste seiner Ahnen als Decke auf dem Rücken. Gut, daß seine Ahnen ihn adelten, er hätte sie nicht geadelt; sein eigen Verdienst reicht kaum hin, ihn allein warm zu halten. Fleisch-hackerverdienst.

Kanzler.

Ihr seid scharf, gnädiger Herr, Ihr seid scharf —

Albrecht.

Wenn Ihr mich wetzt. (**Hanns Zenger** tritt auf). Was gibt's Hanns?

Hanns.

Der Vizedom weiß von Eurer Heirath; weiß Gott, woher?

Er will Euch Euer Ritterwort abfordern, Ihr seiet nicht vermählt, um Eure Weigerung dem ganzen Bairischen Adel als ein Ja aus=
zulegen; hütet Euch! Seht, er steht schwarz wie ein Gewitter —
wenn er so schweigsam ist —

Albrecht.

Entschuldigt, Herr Kanzler, einen Augenblick. — Ja, er weiß,
daß der Thaler Groll durch jedes Zornwort um einen Groschen
Thatkraft ärmer wird; und nie sah ich einen bessern Haushäl=
ter mit seinem Groll, als diesen Vizedom. Bei meinem Eide,
sein bloßer Anblick wendet mir die Galle um.

Kanzler.

Vermeidet ihn, gnädiger Herr.

Albrecht.

Daß seine Eitelkeit sich kitzelte, ich sei vor ihm geflohn?
Eher werf ich's ihm in die Zähne, was er erlauern will.

Hanns.

Denkt an Euren Vater —

Albrecht.

Ich will ihn nicht zum Worte kommen lassen. Ohne Sor=
gen, Hanns; ich will den kalten Hanns noch überkalthannsen. —
Und Ihr fandet mich so schnell, Herr Kanzler?

Kanzler.

Die Liebe des Volkes führte mich auf ihres Gegenstandes
Spur.

Albrecht.

Pah, auch ein Herkommen, wie die Verse unserer höfischen
Poeten. Die Welt ist eine andere geworden; aber sollen sie um=
sonst von ihren berühmten Großvätern eine Form geerbt haben?
Hörtet Ihr nie die Lieder, die jetzt Handwerksburschen, Schüler
und andere fahrende Leute dichten? Die lassen den Dingen ihre
eigene Haut; ist sie noch ungelenk und rauh, auf dem Wege von
Mund zu Mund wird sie schon glatt werden und eine Art von
Schönheit finden, die sich mit der Wahrheit verträgt. Also Ihr
meint, das Volk liebt mich?

Kanzler.

Sein Athem trug Euern Namen in die Wolken und ihre Hände warfen ihm einen bunten Knäuel von Mützen und Hüten nach.

Albrecht.

Mein Schneider versteht sein Handwerk gewiß. Aber warum springt Ihr ab?

Kanzler.

Vergebung, gnädiger Herr, den Vorwurf mach ich Euch! Ich redete von dem Jubel des Volkes, der Euch galt, nun —

Albrecht.

Noch einmal: der mir galt! — und sagt' ich Euch nicht, er galt meinem Schneider? Ich fürchte sehr: trug ich das zerlöcherte Wamms des Bettlers, der um jene Ecke schlottert, mit Euerm Beweise säh' es eben so windig aus.

Kanzler.

Ihr wolltet Euch verkleiden? ihr gnädiger Herr? Ja, wenn der Fürst bei Euch in den Kleidern steckte; und das mag vorkommen, gnädiger Herr, das mag vorkommen! Aber der Dichter würde sagen —

Albrecht.

Was er nicht verantworten kann, wenn Ihr's für Euch anführen wollt.

Kanzler.

„Durch jedes Loch der Jacke blickt der Fürst."

Albrecht.

Der Fürst! — Ah! seht Ihr, so galt der Jubel des Volkes dem Fürsten, nicht mir.

Vizedom (hinzutretend).

So fein spalten hat Euch nicht der Waffenmeister gelehrt, gnädiger Herr. Erlaubt, daß wir als Vögte des Turniers Euch in Regensburg willkommen heißen!

Albrecht.

Wir danken und grüßen Euch, Herr Vizedom. Da wir vom Fürsten reden, Herr Kanzler — ich möchte euch gern in die Enge treiben — sagt mir doch: wer ist ein Fürst? Wir reden von Nichts, Herr Vizedom; aber wenn von Nichts reden verboten wäre, — müßten die Höfe zu Trappiſtenklöſtern werden. Alſo immer zu, Herr Kanzler: was iſt ein Fürſt?

Kanzler.

Ein Fürſt nun — —?

Albrecht.

Kurz und bündig; nicht mehr als drei Worte; wer Euch mehr zugibt, iſt verloren.

Kanzler.

Nun denn —

Vizedom.

Wenn Ihr mir erlaubt, gnädiger Herr: Ein Mann, der fürſtlich denkt, oder wenigſtens — fürſtlich denken ſollte.

Albrecht.

Sollte! Ei, wer fragt, was er ſein ſollte? Was er viel= leicht einmal werden wird? Die Frage iſt: was ein Fürſt iſt, was er jetzt iſt! Nun, Herr Kanzler?

Kanzler.

Ihr treibt mich ein, gnädiger Herr — man hat's erlebt — laßt ſeh'n! laßt ſeh'n! — Nun denn: Einer —

Albrecht.

Einer —

Kanzler.

Der regiert.

Albrecht.

Wie lang' ſeid Ihr erſt am Hofe? Ich werde irr' —

Kanzler.

Faſt fünfzig Jahr'! Ich kam —

Albrecht.

Ein halb Jahrhundert faſt am Hofe und — wißt nicht beſſer dort Beſcheid? Sagt: Einer der regiert wird! Der kei= nen Schritt thun kann, wie ihn Menſchen thun, ohne an ein Adelsprivilegium, ein Herkommen oder an ſonſt eine hölzerne Rückſicht anzuſtoßen. Der Diener ſeiner Diener; der Hammer, mit dem ſie ihr Glück und ihrer Feinde Verderben ſchmieden; ein armer Mann, der den Unzähligen ſchmeicheln muß, die er braucht, damit die Wenigen ihm schmeicheln, die ihn nicht entbehren können.

Vizedom.

Gnädiger Herr —

Albrecht.

Ein — Kommt, laßt uns mit diesen Leuten hier reden. An ihnen ist noch Etwas von der ersten Hand der Natur. Zu solchen Schurzfellen muß man flieh'n, wenn man sich von den Gespenstern des Herkommens erholen will. Ihr, Mann im Schurze, was treibt Ihr da?

Melchior.

Wißt Ihr's nicht? Nun so könnt Ihr lernen, daß das Schurzfell vor den Harnisch geht; wenn gleich Ihr selber gemacht scheint, einen zu tragen.

Albrecht.

Wie so? Der gestrenge Herr Vizedom möcht' es wissen; er ist ein großer Bürgerfreund.

Melchior.

Nun: erst müssen wir die Schranken bau'n, erst muß unser Schwert dabei gewesen sein, eh' der Ritter das seine ziehen kann.

Albrecht.

Euer Schweit? Der Mann hat Verstand für zwei Feder=büsche, Herr Vizedom! Du meinst die Art; und wahrhaftig! die Art ist des Zimmermanns Schwert, und das Schwert die Art des Ritters. Es braucht so wenig Kopf dazu, die eine wie das an=dere zu regieren. Und mit dem Schwert baut der Ritter sein Haus, und mit der Art haltet Ihr Eure Feinde, Hunger und Sorge Euch vom Leib.

Melchior.

Richtig. Aber wißt Ihr auch vom Hunger? Ja, vom Hö=rensagen. Nu, der Herrgott hat Alles gut ausgetheilt: der Eine hat den Hunger, der Andere zu essen.

Albrecht.

Und Einer die Würde, der And're das Verdienst — wenig=stens bei Hofe, sagt man.

Melchior.

Und doch gibt's solche Allesbitterschmecker, die sich nicht da=
bei beruhigen wollen.

Albrecht.

Aber wie geht Ihr mit dem Stamm da um? Dieser
Stamm war ein Baum, hatte seinen grünen Federbusch, der
nickte im Wind, und seinen braunen Küraß wie Einer, als er
noch im Walde stand. Und der Hauch der Gunst buhlte mit
ihm, die Sonne der Majestät vergoldete ihn, und seine Schmeich=
ler, die Vögel in seinen Zweigen, machten Musik dazu. Und
jetzt — ja, das könnte sich manche bunte Feder und manche
hoffährtige Elle Seide und Sammt zu Herzen nehmen. Derselbe
Wind, der heut ihre gestickten Rippen bläht, wird in acht Tagen
ihre Fetzen da im Staube fegen. Pfui, was dünkt sich eine
Handvoll von lebendigen Staubes gegen die andere! Wie, Herr
Vizedom? Und was baut Ihr da für Verschläge in Gottes freie
Welt hinein, daß ehrliche Leute darüber straucheln müssen? Und
paart den frischen, grünen Zweig da mit der dürren Stange?
Und habt ihn losgerissen von dem Haideblümchen, zu dem er
sich neigte im Wald? Was? ist der grüne Zweig ein Junker,
und das Haideblümchen ein Bürgerkind? Und nun nagelt Ihr
ihn an das dürre Fräulein Stange? Oder hat der Zweig selbst
das Blümchen verlassen? So hat er unehrlich gehandelt, obgleich
Ihr ihn darum lobt. Ihr sagt: Die Ehre seines Geschlechtes
hat es verlangt. Was ist das für eine Ehre, die Ehrlichsein
entehrt? Wie? der Bürger hat keine Ehre? Hat er das nicht,
was Ihr Ehre nennt — vor Gott ist er um so ehrlicher. Was
habt Ihr aus Gottes Welt gemacht! Ihr und Euersgleichen!
Was macht Ihr noch jeden Tag aus Gottes Welt! O, das sind
unverschämte Gesellen, gestrenger Herr Vizedom. Ich grüß' Euch
noch einmal; wir sehen uns öfter während des Turniers. Jetzt
lebt wohl, Ihr Herren! Ich muß fort, soll ich nicht zornig wer=
den; und dies Gelichter ist eines ehrlichen Zornes nicht werth.
Was? Sollen Stangen und Riegel den lebendigen Menschen

meistern? Ich sage Euch es gibt Menschen, die ohne Krücke geh'n können, und — was mehr ist — die es wollen!

(Ab mit Hanns Zenger.)

Kanzler (zu Gundelfinger).

Laßt ihn! laßt ihn! Ein Boden für Fürstentugend, wenn auch noch zu üppig. Aber die Zeit nutzt Menschen ab und Dinge. Nun, wir haben's erlebt. Sie brachte das jugendliche Zuviel auf das rechte Maaß, während das rechte Maaß in der Jugend schon, im Mannesalter nur zu oft unter sich selbst herabsank. (Ab.)

Landsberg.

Und Ihr ertrugt's Herr Vizedom? Er wollte Euch reizen.

Vizedom.

Pah! seinen Witz auskramen wie ein Mädchen seine Bänder; Soll die Welt nicht wissen, was der Knabe von seinen wälschen Spitzfindlern gelernt? Und — um die Ecke, eh' die Ruthe die er verdient, niederfiel!

Törring.

Alles, was er sprach, war nur ein verblümtes Ja auf unsere noch ungethane Frage. Man sah, wie sein Stolz mehr unsern Glauben fürchtete: er halte die Heirath aus Feigheit heimlich, als seine Klugheit unser Wissen darum.

Landsberg.

Dazu gab seine Rede jeder unserer Befürchtungen Recht. Diese Ehe ist ein Vorbild des Bundes zwischen Thron und Volk zu des freien Adels Unterdrückung; ein Eisenhandschuh, den er uns hinwirft.

Vizedom.

Sei es! Ich nehme ihn auf. Herold, kommt her! Hört: Wenn Herzog Albrecht sein Schild vor Euch bringt, weist es zurück! Nicht eher darf er stechen in diesem Turnier, bis er den Makel von seinem Wappen gewischt, womit es beschmutzt steht; bis er Euch sein Ritterwort gegeben: er sei nicht einer Augsburger Baderdirne Gemahl. Werdet Ihr bleich, Herold? Er wird rasen. Aber Euch schützt das Turniergesetz und ich, der Vizedom von Straubing, der erste Vogt und Euer Oberer bei diesem Turnier!

Törring.

Doch der Herzog Ernst?

Vizedom.

Mag er zürnen, er muß es billigen und mir danken. Wenn
nicht, so schlag' ich seine Gunst in die Schanze.

Landsberg.

Schon kommt er zurück.

Vizedom.

Ruft mich zu Euerm Schuße. Und so thut Eure Schuldig=
keit, Herold! Auf die Tribüne, Ihr Herren, bis uns're Zeit kommt.
— Der verzogene Fürstenknabe lerne den Vizedom von Strau=
bing kennen; der Wißling hüte seinen Wiß! (Sie besteigen die Tribüne).

(**Albrecht** und **Hanns** treten auf.)

Hanns.

Noch einmal: kehrt um! Der Vizedom stand todtenbleich,
seine Lippen bebten.

Albrecht.

Noch einmal: nein! Ich bin in der Laune, ihm zu sagen,
was er wünscht; mich reut, daß ich es nicht that! Ehre selbst
schämt sich in mir. Herold, hier hängt diesen Schild auf!

Herold.

Verzeiht, Herr Herzog —

Albrecht.

Was soll's?

Herold.

Auf Euerm Wappen haftet Verdacht unebenbürtiger Verbin=
dnng.

Albrecht.

Haftet — Sklav', häng' auf!

Herold.

Nicht eher, als bis dieses Schildes Glanz gereinigt strahlt.

Albrecht.

Wie? Was? Wozu?

Herold.

Gebt Euer Ritterwort, gnädiger Herr, Ihr seiet nicht einer
Augsburger Badertochter Gemahl.

-

Albrecht,

Gut, Sprachrohr, gut! Kein Wort verloren. Den Mund
kenn' ich, der durch Dich spricht. Und wußt' ich nicht, diese schwarze
hagere Schlange würde noch nach mir stechen, eh' ich sie zertrat?
Das mir? Mir? Und ich zertrat sie nicht, eh' sie stach? Solche
Früchte wachsen an Euerm Baum, Hanns Zenger! Wo ist er?
Sei klug für dich und ihn, Herold; häng' auf!

Herold.

Im Namen des Turniergesetzes —

Albrecht.

Im Namen des Vizedoms, Lügner! Wo? — Fort, Sprach=
rohr; dort steht mein Mann! Hierher, Herr Vizedom!

Vizedom.

Nicht auf Euren Befehl. Vergeßt nicht, daß ich hier nicht
blos Eures Vaters Diener bin!

Albrecht.

Des Teufels Diener! Das Schild da hinauf! Befehlt
Eurer Puppe!

Vizedom.

Im Namen des Turniergesetzes: nein!

Albrecht.

Im Namen Albrechts des Wittelsbachers: ja!
Häng' auf, du Sklav'!

Vizedom.

Noch einmal: Nein!

Albrecht.

Ja! ja!
Und noch einmal: Ja! und hunderttausend Ja!

Vizedom.

Im Namen auch gemeiner Ritterschaft,
In Regensburg hier zum Turnier versammelt,
Von denen der Geringste so nicht sich
Entehrt, zu stechen mit dem Gatten einer
Gemeinen Dirne —

Albrecht.

    Dirne? — Nun so hör' —
Ha, einer Dirne? — Bauer! Bauer! Bauer!
Gemeiner Bauer Du! So hör' — 'ner Dirne?!
Hör's Erd' und Himmel denn und wer es mag:
So üb' ich Fürstenrecht, ein wahrer Fürst,
Nicht Fürstenpuppe, von der Lüg' gegängelt,
So üb' ich Fürstenrecht und heilige
Durch heiligen Gebrauch das oft Entehrte,
Wahrheit und inneres Verdienst erhebend
Und Lüge stürzend, Scheinen ohne Kern,
Und thu' Dir, wie der Himmel pflegt, im Zorn
Zur Strafe deinen Wunsch. So hör' es Jeder —
Und ob uns schmerzt, den heißgeliebten Vater
Zu kränken, denn nur seinethalb verschleiert'
Ein Kleinod ich, und sonst um keine Welt,
Mit Heimlichkeit und Schweigen — Ehre zwingt
Uns nun, der Keiner sich entziehen darf,
Laut zu erklären — Baiern hör's und Reich —
Frau Agnes, eines Baders Kind aus Augsburg
Und mir vor Gottes Aug' durch Priesterhand
Als Hausfrau angetraut, zur Herzogin
Von Baiern: diesen aber hier, der wider
Verdienst der Vizedom von Straubing hieß,
Durch diesen Streich mit flachem Schwert entehrend
Zum Bauer, so den Beiden nichts gewährend,
Als ihr Verdienst; nichts nehmend, als was Glück,
Die Metze, dem Verdienste stahl und aufhing
Dem, der's entehrte. Denn nicht adl' ich jene,
Sie adelnd; nein, sie adelt unsern Thron; —
Und den entehrend, nehm' ich wahre Ehre
Ihm nicht; ich nenn' ihn das nur, was er ist.
Und Ihr da, Herold, laßt die Schranken brechen!
Zu End' ist das Turnier, eh' es begann,

Und Niemand kricht 'nen Speer hier! Fort! Ich sag' es, ich
Albrecht der Wittelsbacher!

(Ab, von Hanns, den Knappen und Rittern gefolgt.)

Vizedom (der hatte ziehen wollen, taumelnd von Törring und Landsberg gehalten).

Oh!

Törring.
Wie ist Euch, Herr Vizedom?

Landsberg.
Ein Schlagfluß hat ihn gelähmt. Sein adlich Herz brach
unter der Uebergewalt seines Zornes über unadlich Thun, wie
eine Leier unter eiserner Spielerhand. Könnt Ihr nicht sprechen,
Herr Vizedom?

Vizedom.
Bringt mich hinweg! Tod ist in mir; ich sterbe —
Am eig'nen nicht; gesammten Adels Tod
Trifft so mich mit, den Einzelnen — schwört mir —

Landsberg.
Was, Herr Vizedom?

Törring.
Könnt Ihr fragen?

Landsberg.
Rache! —

Törring.
Was sollen wir thun, Euch zu rächen?

Landsberg.
Wo?

Vizedom.
Nicht mich, des Adels Ehre, an der Ursach', —
Wo es am tödtlichsten ihn trifft — an ihr,
Der Dirne, — sie muß sterben, ihm im Arm,
Wo's ist — Kommt — Laßt mich —

Landsberg.
Ihr könnt nicht allein steh'n.

Vizedom.

Führt mich zur Herberg'!
Dort will ich Euch — dort schwört mir auf mein Schwert,
Statt meiner einzusteh'n, faßt mich der Tod,
Bevor — ich kann nicht mehr —

Törring.

Kommt, ihm zu schwören!
Sterbt einmal Ihr, so lebt Ihr zweimal fort
In uns, um Euch zu rächen.

Landsberg.

Racheerben
Laßt Ihr zurück. Die Dirne — sie soll sterben!

(Sie führen den Vizedom ab.)

Giulio (kommt eilig.)

Giulio.

Es ist gelungen! er hat das Papier. Er zerknittert es in seinen Händen, ohne noch zu wissen, was es enthält, ohne nur zu wissen, daß er etwas in seinen Händen hält; so in Aufregung drängt er sich durch die Menge, durch das Murmeln und Murren der Ritter und das Jauchzen des Volkes. Hanns Zenger sah mich desto genauer an. Er errieth, woher der Zettel kam und half mir, unbemerkt vom Herzog zu entschlüpfen. Fort! da kommen sie! Damit er seinen Arzt nicht sieht. Ich wette, das niederschlagende Mittel wird ihn so bleich machen, als er jetzt roth ist. Sie kommen. Fort und heim zur Madonna! (ab.)

Albrecht und **Hanns.**

Hanns.

Was haltet Ihr für ein Papier in Euern Händen?

Albrecht.

Ich will der Welt zeigen: ich bedarf des Sattels der Herkommen nicht, um zu Pferde zu sitzen!

Hanns.

Wie kommt Ihr zu dem Papier da?

Albrecht.

Ich weiß nicht. Fort mit den Franſen und Quaſten der Gewohnheit und Lüge!

Hanns.

Wollt Ihr mir's erlauben? Vielleicht eine Warnung, die Ihr nicht unbeachtet laſſen dürft. Ihr habt den Vizedom und in ihm den Bairiſchen Adel auf's Tiefſte beleidigt; ſie ſtecken die Köpfe zuſammen; beſſer — (Er ſieht in den Zettel.) Hm!

Albrecht.

Was iſt? Was wollen ſie —

Hanns.

Nichts vom Adel — nichts, Herr, überhaupt nicht. —

Albrecht.

Mir das? Und doch — Aber was haſt Du? Gib her!

Hanns.

Laßt; ich zerreiß' es.

Albrecht.

Erſt will ich's ſeh'n. Sieht dies Nichts ſeinem Spiegel-bilde in Eurem Antlitz gleich, ſo iſt's ein Was und ich muß es ſeh'n.

Hanns.

Seht's nicht! O Baiern! o alter Ernſt! o Baiern!

Albrecht.

Du prüfſt, was ich nicht habe, meine Geduld.

Hanns.

Prüfen! Prüfen! — Daß Ihr meintet, an Euer'm eig'nen Athem zu erſticken — daß es heraus mußte! das Gedächtniß des alten Ernſt verzehrt in der Glut! und — um was? Nein, laßt mich's zerreißen; es kann zu nichts mehr helfen; und jetzt dürft Ihr's nicht leſen, jetzt nicht, jetzt, wo — nein, es müßte euch ra-ſend machen!

Albrecht.

So brauchſt Du's nicht zu thun. Zum Teufel, gib! (Er reißt's ihm aus der Hand und lieſt, was Hanns verhindern zu wollen ſich ſtellt.) „Des

großen Herzog Albrechts Stolz fiel sich über einer Dirne kleinen
Fuß zu todt." —

Hanns.

Und Baiern! umb Baiern mit! die Erde dröhnt noch vom
Fall des Riesenleibes.

Albrecht.

Was soll's — Hand, zittre nicht. „Die kluge Frau aus
Ungarn ist" —

Hanns.

„Des Baders Bernauer in Augsburg Schwester und die klü=
gere Dirne war am heiligen Helenenabend vor dem Bankett Hanns
Zenger's bei ihr. Prüft selbst, und Ihr werdet es so finden. —"

Albrecht.

Ja Lüge! Lüge! ungeheuer wie
Noch keine! Menschen redeten im Leichtsinn,
Und dachten nicht der Folgen; Frömmigkeit
Verbarg die Wahrheit um der Folgen willen;
Was Lüge hieß bis jetzt, war gute Meinung,
War Schonung, Liebe, Scherz und Neckerei,
Ein schuldlos Kind nur, gegen die gehalten;
Mit dieser erst kam Lüge auf die Welt.

Hanns.

Rieth ich Euch nicht gut, Ihr solltet das jetzt nicht lesen?
Jetzt, wo Eure Liebe den theuersten Preis bezahlt hat mit Vater,
Fürstenpflicht, vielleicht mit dem Ruin Baierns, mit Allem, was
Euch heilig sein muß — die Waare nichts nutz. Jetzt erfahren
Eure Klugheit sei betrogen, im Netz gefangen von einer dummen
Dirne?

Albrecht.

Ich glaubte nicht dem Spiegel nur, ich prüfte.

Hanns.

Ja, Ihr prüftet die Schlange und — fandet sie klug.

Albrecht.

Sie ging mit mir, gab Alles hin um mich —

13*

Hanns.

Bis auf die Krone, wie ihr Vater sagte, der sie besser kennt. Warum lerntet Ihr sie nicht erst kennen? Ein Pferd, einen Hund zu kaufen, nahmt Ihr euch mehr Zeit.

Albrecht.

Nicht wahr? Sie kannte mich nicht. Tod, wenn sie im Spiegel stak, war's noch eine Lüge mehr! Nein, es ist nicht möglich! Dies Himmelsantlitz, jeder Blick ein Taubenbote aus dem Paradies, jeder Hauch süße Unschuld, jedes Wort ein Klang vom Himmel! Wahrheit auflegen wie Schminke, Natur aufsetzen wie geborgtes Haar — es ist nicht möglich! Fort, nach Straubing! Du sollst seh'n, es ist nicht. Pferde! Pferde! es kann nicht sein. 's ist Lüge, wer auch sie erdacht hat. Fort nach Straubing! es muß sich zeigen! (Beide ab.)

Kanzler und **Gundelfinger** (treten auf.)

Kanzler.

Verwünscht! verwünscht! Hat man's nicht erlebt? Nein, wahrlich nicht! Das paßt nicht hierher; nein, man hat's noch nicht erlebt, so alt wir sind. Und es fehlte nichts, als daß auch wir den Kopf verlören, so alt wir sind. Wenn eines Einzelnen Ungebührniß auch die Andern aus ihren Kreisen drängt, da gilt's den einzigen Vortheil zu brauchen, den Alter nicht nimmt, sondern gibt. Der Adel schwierig, ein alter Feind lauert vor der Thüre, dem nichts lieber wäre, als Zwist und offne Fehde zwischen Vater und Sohn. Das ist der Punkt, wo wir alle Stützen unserer Kunst ansetzen müssen, soll Baiern's Bau, von dem Stoße wankend, nicht umstürzen. Herzog Ernst muß abgehalten werden, Gewalt brauchend, die Kluft zwischen Albrecht und dem Adel auch zwischen sich und dem Sohn zu setzen. Versteht Ihr wohl? Wie wir den Vizedom kennen, wird er auf eigene Hand verfahren und die Dirne, das Aergerniß, schleunigst wegschaffen, wie's geht. Herzog Ernst muß außer dieser Sache bleiben. Nun, wir haben's erlebt — und hier paßt die Redensart wieder —: mehr als ein verlorener Sohn kam zu seinem Vater reuig zurück und es war Freude darüber, mehr als über dreißig Gerechte. Laßt uns nach München; Herzog Ernst muß Alles durch uns erfahren, und so zugerichtet, wie's unserm Plane dient. Er wird dennoch heiß werden. Nun, wir haben's erlebt: Die Sache mußte doch geh'n, wie wir es wollten — unbeschadet unserer Ehrfurcht vor der Majestät und lediglich zu Nutz und Frommen des Schiffes, das wir steuern. Kommt! (Beide ab.)

Zweite Scene.

Erleuchtet Gemach auf Albrecht's Burg zu Straubing.

Nacht.

Giulio und Isotta.

Giulio.

Den ganzen Weg hierher waren der Herzog und Euer Gemahl mir auf den Fersen.

Isotta.

Und Du weißt nicht, was das Papier wirkte?

Giulio.

Nichts, als seine Eile, die meine fast überholt hätte. Und die Heimlichkeit ihres Einritts; denn seht, schon stehen ihre Rosse im Schloßhof. Ich entferne mich jetzt, denn jeden Augenblick können sie hereintreten. (ab).

Isotta.

Warum so eilig? Warum so heimlich? Herz, verrathe Dich und deine Spannung nicht durch dein lautes Pochen. Fürchtest Du? Er hatte sie zur Herzogin erklärt, den Vater, den Adel tödtlich beleibigt, als er den Verrath erfuhr; das bringt sein Gewissen auf meine Seite. Es muß gelingen! Da sind sie schon!

Albrecht und **Hans** (treten auf.)

Jsotta.

Wie? gnäd'ger Herr, seid Ihr's? Entschuldigt, trefft Ihr
Uns nicht gerüstet noch, Euch zu empfangen.
Doch wie? noch kaum begann das Ritterfest
In Regensburg, und schon — ja, Eu'r Entschluß,
Es zu besuchen, reut' Euch unterwegs
Und führt' Euch uns zurück.

Albrecht.

Ganz recht; so ist's.

Doch wo ist sie?

Jsotta.

Eu'r fürstliches Gemahl?

Albrecht.

Ja, sie. Weiß sie von uns'rer Ankunft schon?

Jsotta.

Wohl schwerlich; unerwartet und so heimlich —

Albrecht.

Gut; sorgt, daß sie nicht eher davon hört,
Als wir es wünschen — bitt' ich.

Jsotta.

Ei, Ihr wollt

Ein Fest Ihr gönnen für das Fest, das Ihr
Euch selbst versagtet.

Albrecht.

Bitte, seht, ob sie

Noch wacht — ja, da Ihr's doch errathen habt,
Es giebt 'ne Ueberraschung. Bitte, seht,
Und bringt die Nachricht uns hierher!

Jsotta.

Ich gehe.

Sie soll nichts wissen, eh' Ihr selbst es wollt,
Und bald erfahrt Ihr, wacht sie oder nicht (Ab.)

Albrecht.

Doch! Doch! so soll es sein! Denn, ist sie falsch —

Doch ist sie's nicht; ihr Falschsein machte Treue
Zum Gaukler und entvölkerte den Himmel
Von seinen Engeln — ist sie falsch, so ist sie
In Falschheit Meisterin, und Forschen tröge
Sich selbst und wär' geleg'ne Warnung nur
An ihre Vorsicht — Schnell versammle, Hanns,
Das ganze Schloßgesind'; in Feierkleidern —
In jeder Hand 'ner Kerze Licht, in jedem Mund
Der Ruf: lang lebe uns're Herzogin
Frau Agnes! Drein im Jubel der Trompete
Beschwingter Ton, dem Ohr ein buntes Wimpel
Ueber dem Jubel flatternd — Alles, was
Zum Schwindel schwellen kann die Eitelkeit,
Und wenn nur einen Augenblick Verstellung
Im Ansturm jäher Ueberraschung kann
Ihr nüchtern Spiel vergessen machen, so
Beschwör' den Geist ich, wenn er's ist, der sie
Besitzt, herauszutreten auf ihr Antlitz,
Es Lügen strafend —
Ein unbewußt Geständniß abzulegen,
Ob sie der Ehrgeiz zog und Liebe nicht.
Du, an des Zuges Spitze, huldigst ihr
Und so, als riefe sie mein Vater selbst,
Des ganzen Landes frohe Zustimmung
Sie auf den Thron. Nun eile dich: ich hole
Derweil der Mutter reichen Fürstinschmuck
Aus seinem Schrein (ab.)

Isotta (kommt wieder).

Sie wird nichts erfahren.

Hanns.

Habt Ihr erfahren? Wißt ihr, was Er vorhat?

Isotta.

Noch eine Probe.

Hanns.

Er will den Finger in's Feuer stecken, um es zu prüfen, ob es brennt.

Jsotta.

Ich fürcht' es; doch —

Hanns.

Doch? Doch? Habt Ihr noch ein Doch? Steckt es ein mit eurer ganzen Kunst. Seine Feder ist schlaff geworden; Euer Drücken daran ist vergebens.

Jsotta.

Und doch entlarv' ich ihm die Dirne!

Hanns.

Pah! Was wollt Ihr Einem zeigen, der seine Augen absichtlich schließt, um nicht zu seh'n, was Ihr ihm zeigt? Ich möchte wissen, wenn ein Mensch etwas Anderes gefunden hätte, als er finden wollte. Den ganzen Weg über sann er auf Mittel und verfiel in Fieberhast von einem Entschluß auf den andern, bis er diesen ausgegrübelt hatte, den, der unter allen möglichen am wenigsten zum Ziele führen kann — und eben darum. Er will finden, sie sei nicht falsch, oder Ausflüchte übrig behalten.

Jsotta.

Er soll keine übrig behalten. Eben jetzt läuft die Dirne mit einem Diadem, das ich ihr schenkte, von Zimmer zu Zimmer, von Spiegel zu Spiegel, ist schon Herzogin in ihrem Schwindel, ziert sich, spricht vornehm zu den Damen und dem Volke, die der Rausch ihr vorgaukelt, verneigt sich und führt ganze Schauspiele auf. Ich will ihn heimlich zu ihr führen; er muß sie, unbemerkt von ihr, beobachten, seh'n, wie Eitelkeit ihre Puppe an allen Dräthen zieht. Ich führ' ihn hin, eh' sie des Spieles müde wird. (Ab.)

Hanns.

Da kommt er selbst, und, hab' ich Augen, schon wieder ein Anderer, als vorhin. Verflucht der Wahnsinn Liebe, wenn er solche Dinge knetet aus einem Dinge, das ein Mann war, eh' sie über ihn kam. Und nur ein Bruchtheil mehr Kälte in dieser hitzigen Mischung, und der Neid selbst müßte sagen: es ist einer!

Albrecht (kommt, den Schmuck in der Hand).

Wer glaubt, wird selig. Wie? wird selig? Nein!
Wer glaubt, ist selig schon. — Daß keine Brücke,
Kein Kahn zurück uns führt zu jenem Eiland,
Dem Paradies der gold'nen Kinderträume,
Den Mann, der ihre Dämmerung, gelockt
Von Durst nach Licht, verließ! Dem zweiten Mutterschooß,
So weich, daß Tausende freiwill'gen Schlummer
Darin vorziehen der Geburt an's Licht;
Der rosenhänd'gen Künstlerin,
Die um der Wahrheit knöchern Schreckensbild
Das Fleisch der Täuschung webt, die sammt'ne Lüge,
Aus Ros' und Lilie gewoben, spinnt.
Wer wär' ein Held, vergoldete die Bahn
Nicht Ruhm mit seinem Gold, wenn wesenlos
Und nichtig auch, wie Abendsonnenglüh'n?
Wer wär' beglückt durch eines Weib's Besitz,
Säh' durch ihr Kosen er ihr in das Herz?
Wer möchte sterben, gält' der dürre Scherge,
Der Tod, der Führer nicht zum Wiedersehn?
Und wenn ich glaubte nun, wär' ich nicht glücklich?
Ja — schärfte mir den Zweifel nicht Gewissen.
Zuviel hab ich geopfert, mit dem Scheine
Nur des Errung'nen, inn'rer Anklag' Kampf
Zu schwichtigen; wiewohl Nothwendigkeit
Die eig'nen Ketten polstert und mir sagt:
Ergib dich, denn untrennbar ist das Band!

Hanns (für sich).

Wär't Ihr ein Mann nur wieder, trennbar wär's.

Albrecht.

Und Liebe, die nicht lassen will vom Glauben,
Und Stolz, der nicht betrogen gelten will —

Hanns (wie vorher.)

Das ist's. Nun wahrlich! Euern Stolz will ich
Bewaffnen gegen Liebe und sich selbst.

Ihr sollt die Probe machen, wollt Ihr nicht,
Die Ihr ersonnen und nun lassen möchtet.
Ich geh' die Dirne doch zu überraschen;
Ihr sollt vergebens nach der Täuschung haschen. (Ab.)

Jsotta (kommt).

Hier find' ich Euch —

Albrecht.

Was ist?

Jsotta.

Sie wacht und — nein,
Ich sag's Euch nicht, Ihr müßt es selber seh'n,
Was Euch erglühen macht', und wär't Ihr Marmor.

Albrecht.

Was ist's?

Jsotta.

Ein seliges Geschöpf! Wollt Ihr
Ihr süßes Treiben seh'n, so folgt mir leise,
Und heimlich führ' ich Euch in ein Versteck,
Wo Ihr sie sehen könnt, doch sie nicht Euch.
Und sel'ger überrascht sie Euch, als Ihr
Sie überraschen könntet, glaubt das mir!

Albrecht.

Sie betet? singt ein schlichtes Lied von Scheiden
Und Wiederfinden? spinnt des Liedes Stimmung
In wache Träume aus, den Faden netzend
Aus ihren Augen? spricht mit mir, den sie
Noch ferne wähnt? Wie?

Jsotta.

Kommt nur, gnäd'ger Herr.

Albrecht.

Ich folg' euch. Hoffend, daß der Anblick endet
Die Zweifel all' und Furcht in Wonne wendet. (Beide ab.)

Hanns und der **Pfleger** des Schlosses treten auf.

Hanns.

Wie gesagt, Herr Pfleger, was in Regensburg vorgegangen, davon soll bei Herzog Albrecht's Zorn vor seiner fürstlichen Gemahlin nicht gesprochen werden. Er will nicht, daß die Gespenster Furcht und Sorge ihr junges Glücksgefühl welkend anhauchen. Und nun kommt, damit die Huldigung, die wir vorhaben, durch Zögern nicht den Reiz einer Ueberraschung verscherze.

Pfleger.

Ich habe das ganze Gesinde, auch die Söldner, die unter meinem Befehl stehen, in die große Halle zusammenrufen lassen.

Hanns.

So kommt. Keinen Augenblick verloren. (Beide ab.)

Ein anderes Gemach.

Mondschein durch die Fenster, sonst keine Beleuchtung.

Isotta, Albrecht treten auf.

Isotta.

Schnell, hierher, hinter den Vorhang! Sie wird gleich hereintreten. Haltet den Athem an, damit Ihr die süßen Gespenster ihrer Träume nicht verscheucht! Seht Ihr sie? So thut sie, wenn sie allein ist, seit wir in Straubing sind. Ist's nicht ein süß Geschöpf?

Albrecht.

Auf sel'ger Insel
Sitz' wieder ich bei Dir und ferne brandet
Das leere Treiben und der Lärm der Welt;
Des Zweifels Larven sinken todt zur Tiefe.
O zaubervoll Geschöpf in reicher Armuth,
Kaum halt' ich mich, Dich an mein Herz zu reißen.
Ein enges Stübchen, wenig Möbel nur,
Doch fest; im Herzen wenige Gefühle,
Doch unergründlich tief — fort, bunte Menge!
Herz, deine wahre Heimath ist die Enge!

Jsotta.

Sie kommt —

Albrecht.

Da ist sie! Wie? ein trüber Schatten
Ueber dem Himmel? — Sehnsucht? Sorge? Ja!
Nimmt Liebe jeden Abschied doch für ewig,
Jed' Wiederseh'n als neugeschenktes Glück.
Die Liebe liebt den Schmerz; sie fürchtet gern,
Weil sie im Fürchten tiefer sich genießt;
Herz, fürchte nicht; ich lebe, bin dir nah!

Jsotta.

Still!

Agnes (tritt ein, mit einem Diadem geschmückt).

Agnes.

Ich könnte mir Lichter bringen lassen; werd' ich doch einmal
Herzogin hier, aber ich schäme mich. — Im Monde blitzt das
Gestein nicht so hell' aus dem Spiegel. — Ach ja, die Base hat
Recht; ich bin ein schönes Weib, so schön! — und klug bin ich
auch — und so vornehm! Ich glaub', ohne den Spiegel wär'
ich Herzogin geworden. — Herzogin — ich bin's ja noch nicht.
Wenn ich nur nicht häßlich werd' vorher. — Ich will nicht daran
denken; ich will lieber denken, wie's sein wird, wenn ich Herzogin
bin. — Was denn zuerst?

Albrecht.

Was ist das? Liebe, rede mir es aus!

Jsotta.

Ich verstehe nicht, was sie mit dem Spiegel meint. Aber
habt Ihr je was Reizenderes geseh'n?

Albrecht.

Mein Vater! Baiern!

Jsotta.

Still; mäßigt Euer Entzücken, Herr! — Nun, Dirne,
plaud're zu.

Agnes.

Flüsterte nicht etwas? — Es ist die Donau, die von dort
drüben herüber rauscht. Nun bin ich Herzogin und mit meinem
Herrn in Augsburg, um den Vater zu holen. Ja, so soll's sein!
Wir sind in Augsburg. Die Leute drängen sich, wie sonst, mich zu
seh'n. Da ist der Engel! Da ist der Engel! — Der Engel?
sagen Andere; das ist ja die gestrenge Herzogin von Baiern,
Frau Agnes! Die Trabanten voran. Nun sind wir schon an
des Vaters Häuschen. Mein Handschuh fällt mir aus der Hand,
(sie läßt einen Handschuh fallen) —Hanns Zenger's Hausfrau hebt ihn auf—
(sie hebt ihn auf und überreicht ihn) — hier, gnädige Frau, — sie ist gut
und ich hab sie lieb; aber vor den Leuten muß ich sagen: Gut
so, ich danke euch! — Da kommt der alte Philipp um die Ecke.
Da, Herr Seibelstorfer, gebt ihm das! Nein; kein Armer soll
leiden, wenn ich Herzogin bin. Dankt nicht, Philipp! Schon
gut, schon gut! Aber, Herr Schultheiß von Augsburg, kein
leichtes Mädchen duldet mir auf den Gassen und auch an den
Fenstern nicht, sonst geh' ich auf der Stelle! Und nun kommt
der Vater aus dem Häuschen. Wie er staunt! Ja, ich bin's,
und, seht Ihr, die Eh' ist doch gültig! Wie Ihr mir leid gethan
habt — nun, Ihr glaubt mir's nicht. Und wenn Ihr auch nicht
vornehm seid, ich will mich Euer nicht schämen. Wir können nicht
Alle vornehm sein, gewiß nicht. Und habt ihr den Raimund
noch bei euch? Siehst Du — oder seht Ihr, Raimund? Ja!
das wird sich besser schicken! — wie lieb sie mich Alle haben?
Seht Ihr nun, Raimund, wie Ihr den Vornehmen Unrecht gethan
habt? — Aber da träum' ich, und es ist noch gar nicht so weit.
Wer weiß, wie lange noch — nein! ich will ja nicht mehr daran den=
ken. (Es tönen Trompeten.) Und nun ist Bankett auf dem Gewand=
hause; wir treten herein, da klingen Trompeten und Alles —
(In der Scene noch Trompeten und der Ruf:)
Hoch, Frau Agnes! von Gottes Gnaden Herzogin von Baiern!

Hanns Zenger, der Pfleger, das Schloßgesinde, Alle mit brennen=
den Kerzen herein; sie bilden einen Halbkreis um Agnes, wiederum
von den Söldnern der Besatzung umgeben; Albrecht und Isotta
haben ihren Versteck verlassen.

Alle.

Hoch! und abermals hoch!

Hanns (knieend).

Herzog Ernst in München grüßt Euch als seine geliebte
Schnur, Frau Herzogin!

Pfleger (ebenso).

Und wir sind die Ersten unter Euren Unterthanen, gnädige
Frau, die Euch huldigen!

Isotta (den Schmuck aus Albrechts Hand nehmend).

Und ich bin so glücklich, Euch mit dem Herzoginnenschmucke
zu schmücken, den Euer Herr mitgebracht!

Albrecht.

Es ist nicht wahr, und doch — ist es! Es ist nicht möglich, und doch — es ist!

Agnes (sich umsehend, wird Albrecht gewahr, läuft auf ihn zu).

Seid Ihr's denn, lieber Herr? bin ich's? Und träum' ich
auch nicht? Und ich bin Herzogin? und ich seh' Euch?

Albrecht.

Ihr seht mich; doch es konnte gescheh'n, daß Ihr mich nicht
wiedersah't.

Isotta.

Wie das, gnädiger Herr?

Albrecht.

Ich stürzte unterwegs —

Isotta.

Ihr stürztet? Wie Ihr mich erschreckt!

Albrecht.

Mein Pferd strauchelte hart an einem Abgrunde —

Isotta.

Ihr fielt doch nicht — o, so redet doch!

Albrecht.

Sie hört's kaum — sie müßte fragen.

Hanns.

Die Tiefe öffnete einen Rachen voll scharfer Felsenzähne,
spitzig genug, einen Harnisch zu durchbeißen. Wahre Reihnadeln,

und so lang, daß soviel Fallende, hintereinandergespießt, daran
Platz gefunden hätten, als Lerchen an einem Bratspieße.

Jsotta.

Ihr seid doch nicht verletzt, gnädiger Herr? Gewiß, Ihr
seid's, und verhehlt's uns nur, uns nicht zu schrecken.

Agnes.

Immer wieder möcht' ich fragen: ist's wahr? Hundertmal
hab' ich das Alles schon daheim geträumt. Wie war ich dann
traurig, wenn mich der Vater weckte. Wie ich albern bin, lieber
Herr! Glaubt Ihr's wohl, jeden Augenblick fürcht' ich, jetzt wird
er rufen, und es ist wieder nur ein Traum?

Jsotta.

Eine größere Gefahr drohte Euch. Euer Herr — Ihr
wißt's nicht —

Agnes.

Wie Ihr ängstlich seid; da steht er ja gesund! — Und es
ist doch wahr!

Albrecht.

Ja, es ist wahr! es ist doch wahr!

Agnes.

Und wie der Schmuck schön ist — ach, seht doch nur, lieber
Herr!

Albrecht.

An dem Weibe, das ihn trug — Mir flirrt's vor den
Augen. Hinaus, wo mich Niemand sieht! Nicht der Mond darf
mich bescheinen! (Ab.)

Agnes.

Wie nennt man das?

Jsotta.

Ein Diadem, gnädige Frau.

Agnes.

Wird mir's auch steh'n? Seht doch einmal. Meine Hände
zittern vor Freude. Wie meint Ihr, Herr? Wo ist er?

Beate.

Er ging hinaus.

Agnes.

Und sagte nichts? Wär' er krank?

Beate.

Er sah finster aus; er war blaß wie die Wand.

Isotta.

Und kam so heiter von Regensburg und war's nur eben noch!

Beate.

Gewiß, ihn hat was recht bitter verdrossen.

Isotta.

Nun — aber gewiß nur der Leute wegen.

Agnes.

Wißt Ihr, was?

Isotta.

Nun — aber verzeiht, gnädige Frau — Ihr spracht nicht,
redetet die Leute nicht an. Hörtet Ihr, wie er an seine Mutter
dachte? denn sie trug den Schmuck vor Euch. Seine Mutter
hätte an Eurer Stelle mit den Leuten geredet. Sie war eine
Fürstin! Sie sprach so, daß Gelehrte verstummten, und in sich
allein verliebte Kunst sich selbst vergaß, um keines ihrer Worte
zu verlieren. Sie war die Huld selbst im Reden; mit wem sie
sprach, der fühlte so lang' sich größer, und doch verlor ihre eigene
Größe nichts dabei.

Agnes.

Ich hätte reden sollen, meint Ihr?

Isotta.

Ja; doch nur der Achtung willen, die Achtung erzeigen Euch
eingebracht hätte. Es wäre nur natürlich, wollte er Euch ge-
achtet sehn; und vielleicht — daß er erwartete, Ihr würdet sein
angefochten Urtheil thätig in Schutz nehmen.

Agnes.

Ich verstehe Euch noch nicht.

Isotta.

Denn seht: Wär't Ihr eine gebor'ne Fürstin, man nähme für

Recht, was Ihr thätet; da Ihr's aber nicht von Geburt seid, müßt Ihr durch Euer Benehmen die Menschen zwingen, Euch herzoglich zu finden! Schwerer jederzeit wird's dem, der aus eig'ner Kraft ge= stiegen, sich oben zu halten; denn die Alles bezwingende Macht der Gewohnheit kommt ihm nicht zu Hülfe, sie ist seine Feindin.

Agnes.

Ihr meint, ich bin nicht gewesen, wie eine Herzogin sein soll? Ich will ihm doch nach. Meint Ihr nicht? ich will ihm versprechen —

Isotta.

Nein, gnädige Frau, Ihr seid kein Bürgerweib. Nie sah ich das eine Fürstin thun. Denkt, daß all' die Leute hier Eure Ge= berden beobachten. Seht heiter aus, doch voll Würde. Die Niedern rächen sich gern an dem, dem sie gehorchen müssen, durch Spott hinter seinem Rücken; drum laßt sie nicht in Euer wahres Herz seh'n; ihr Urtheil über Euch, das er in ihren Mienen läse, müßte ihn kränken in seiner und Eurer Seele.

Agnes.

Sind die Leute wirklich so? Mir ist, als preßte der Schmuck mir das Herz zusammen.

Isotta (für sich).

So treib' ich die alberne Dirne in ein steifes Gebahren, dessen Zwang ihre Hoffahrt rächend straft und, seinen Zweifeln Recht gebend, ihn von ihr scheiden muß.

Agnes.

Was sagtet ihr?

Isotta.

Mir fiel ein, ich könnte doch irren.

Agnes.

Nein; so wird es sein, wie Ihr sagt. Daran hab' ich nie gedacht; jetzt erst fällt mir's auf's Herz!

Isotta.

Seid heiter; ich will nicht müde werden, die schwere Last der

Größe euch tragen zu helfen. Kommt, gnädige Frau. — Die Frau Herzogin dankt gnädigst Euch Allen und wird sich in ihre Zimmer zurückzieh'n.

Hanns.

Darf unser ehrerbietiger Jubel Euch begleiten?

Agnes.

Was sag' ich? Ich bin in mir selbst irr'. Ich bin hier fremd; jetzt weiß ich's erst. Nehmt Euch meiner an!

Isotta.

Um Gott, stolz aufgerichtet! Laßt sie keine Verlegenheit merken! — Fürstliche Gnaden erlaubt Euch, sie bis an ihre Zimmer zu begleiten.

Agnes.

Ich dank' Euch, Euch Allen; gewiß, ich dank' Euch.

Hanns.

Nach Augsburg an Euer Baderfaß! Dafür wollt' ich Euch danken!

(Alle mit Hochrufen und Musik ab und mit den Kerzen, daß nur Mondschein das Zimmer erhellt.)

Albrecht (tritt auf.)

Hierher verfolgt mich die Musik nicht mehr,
Der Hölle Hohn in's Ohr mir gellend; hier ist
Kein Auge mehr, das mit dem Spott mich stachelt,
Den ich ihm selber leihe. — Schändlich! schändlich! schändlich!
Und schlimmer noch als schändlich; lächerlich!
Der Wahrheitsjäger selbst im Netz der Lüge,
Ein zappelnd Wild, und nicht durch fremde List,
Durch eig'ne Ueberklugheit! wie zum Hohn
Vor Lüge flieh'nd ihr in den Arm gefloh'n.
Und dann geprahlt noch — o des Witzes Krone!
Ein Narr, ein feierlicher Narr, ein heldenhaft

Gespreizter Hannswurst, naf'geführt, gehänselt
Von einer Gaukelbirn', in toller Posse
Den Fürstenhut vermählt der Narrenkappe,
Entweihend, was zu weih'n er sich vermaß,
Und Lüg' als Wahrheit auf den Thron gestellt!
Recht, Mond, verhüll' dein Aug' im Schleier, schäm' dich
Für mich, da ich's nicht thu', im jähen Abfall
Verhärtet zu 'nem alten Possenreißer,
Der Ehr' in Schande sucht, taub für Versöhnung,
Die Brücke von dem Herzen in die Wange
Zerbrochen und das Blut, vom häuf'gen Ansturm
Träg, feil und fühllos jedem Sporn der Scham.
Und bergen noch mit glatter Mien', damit
Der eig'ne Hohn nicht schwillt zum Hohn der Welt.
Und hingeworfen — was, darf ich nicht denken —
Ist's möglich? und mich gängelt Liebe noch?
Noch? nun, da blos die baare Lüge steht,
Nur im Gewand der eig'nen Häßlichkeit,
Ein eitel gaukelnd Ding, ein Schmetterling,
Halt' ich den Schleier, den sie selbst läßt fallen —
So mich nun müh'nd im eigenen Betrug,
Da sie nicht Müh'n mehr werth des Mühens hält —
Auf ihren Schultern fest, und schließ' die Augen,
Der Wahrheitshung'rer, Wahrheit nicht zu seh'n?
Und doch — beim heil'gen Gott — müßte sie Lüge sich,
Sie würde sich verbergen, ja, beim Himmel!
Und sich verrathen durch das Uebermaaß
Des Mühn's darum, nicht der Mühlosigkeit.
Das Weib ist eitel; und ein armes Mädchen,
Das still im Thal ein nied'res Veilchen kroch,
Tief überdeckt von ihrer Blätter Schatten,
Gerissen an der Hoheit blendend Licht,
So plötzlich' in die Höh', soll schwindeln nicht?
Ja, wahrlich! sie nicht tadl' ich, nur die Probe,
Und mich, daß ich den flücht'gen Augenblick

Nahm für den ganzen Menschen; daß ich treulos,
Gesundheit krank zu schelten, selbst Gesundheit
Erkranken macht! Nein; erst laß' entweichen
Den Schwindel, dann wird sie sich Wahrheit zeigen! (ab.)

Ende des zweiten Aufzuges.

Dritter Aufzug.

Erste Scene.

Zimmer im Schlosse zu Straubing.

Früher Morgen.

Albrecht (tritt auf).

„Doch fällt's nochmal Euch ein, zu prüfen, sagt ihr,
Sie soll nicht Eure Herzogin mehr sein."
Wie? ist's schon Tag? — „nicht Herzogin mehr sein,
Und seht, wie lang dann ihre Liebe hält,
Die Liebe von zwei Stunden" — wie?
Kannt' er sie so? —
Ha, Zweifel, laß' mich, oder nimm mich ganz —
So oder so, und wieder wär' ich Mann!
Doch hin und hergerissen — „von zwei Stunden" —
Ja wahrlich! eine Liebe von zwei Stunden,
Nicht älter einen Augenblick!
„Und schon so stark" — Wie? ist sie's nicht bei mir?
Ein Augenblick ist lang' genug, um Krankheit
Zu zeugen, die oft später Tod erst heilt;
Warum nicht — „sagt ihr" — doch mit welchem Vorwand,
Daß Prüfung nicht, durchschaut, sich selber höhnt?

Agnes (naht schüchtern und lehnt sich an ihn).

Albrecht.

„Sagt ihr“ — Was soll das?

Agnes.

Zürnt nicht, Herr!

Albrecht.

Seid Ihr's?

Ich will allein sein.

Agnes.

Herr, seht nicht so finster,
Ich kann nicht reden sonst, und, Herr, Ihr glaubt nicht,
Wie schwer mir's ward. Und doch, Ihr ruft mir nicht,
Ich mußt' ein Herz mir fassen.

Albrecht.

Ein Herz?

Habt Ihr ein Herz? Ha, welch' ein Zauber
Geht mit dem Mond, daß er die Wolken bannt,
Die er doch selber aufsog aus dem Meere,
Den wilden Zorn nicht toben läßt und ihn,
Indem er selber doch ihn reizt,
Zum Schmerze dämpft?

Agnes.

Ich weiß nicht, Herr,
Doch heißt's, der volle Mond vertreibt Gewitter.
Ihr sprecht von gestern Abend?

Albrecht.

Ja, und länger.

Agnes.

Ja, gestern sah ich's selbst. Der ganze Himmel
War schwarz von Wolken, in der Fern' schon blitzt' es,
Da ging der Mond auf.

Albrecht.

Wie 'ne Herzogin,

Verglicht Ihr nicht?

Agnes.

Doch, Herr; ich dacht' an Euch,
Und wie Ihr freundlich war't in jener Nacht,
Da Ihr von dem Turniere kamt, dann zürntet,
Und sagtet nicht, warum; und wie so oft
Ich an dem Fenster stand seitdem und sah
Euch hin und hergeh'n bange Nächte lang,
Und sah' Euch doppelt durch die nassen Augen,
Und tausend gute Nacht wohl sandt', und weinte,
Daß keine einzige zurück mir kam; —
Wie nun der volle Mond aufging, da schwanden
Die Wolken bis auf eine, die stand tief
Und ward zu Regen; da war't Ihr der Mond,
Der bleich über der Wolke stand im Zürnen;
Und ich die Wolk', die unter ihm zerfloß.

Albrecht.

Das kann nicht Lüge sein; so wahr — wie wahr?
Wie da, als sie mir log, ich sei ihr fremd,
Und dort, o Höll', im Spiegel!?
Und Blödheit selbst, die sich verrathen so,
Griff nach der alten Lüge hier.

Agnes.

Herr, seid Ihr krank?
Die Nacht, als Ihr von Regensburg zurückkamt,
War't Ihr gestürzt.

Albrecht.

Damals vergaßt Ihr mich —

Agnes.

Helft mir, mein lieber Herr;
Allein find' ich nicht aus, was Euch so quält!

Albrecht.

O liebtest du, du thautest Seligkeit!
Was ist das?

Agnes.

Herr, Trompeten.
Sie künden einen Gast.

Albrecht.

Heda! wohin?
Bleibt, bitt' ich; 's ist der Kanzler Tuchsenhauser,
Ein Gast, dem freundlichen Empfang wir schulden.
Ha! muß ich Euch jetzt bitten?
Heda! die Frau'n der Herzogin!
Nehmt Euch zusammen; zeigt dem Gast nicht dies
Gesicht; Ihr habt ja zwei Gesichter, wie?

Agnes.

Ich weiß nicht, was Ihr meint.

Albrecht.

Ihr sollt die Herzogin jetzt spielen, mein' ich.
Wie? habt Ihr das Gesicht verlegt? Ihr hattet's
Nur neulich noch, als Gundelfingen kam.
Da war't ihr fürstlich.

Agnes.

Herr, ich gab mir Mühe;
Doch war ich's nicht, denn Ihr war't unzufrieden.
Ihr sagtet's nicht, allein ich fühlt' es wohl.
So scharf saht Ihr nach mir; Ihr meintet nicht,
Daß ich es merkte; doch das machte mich
Verwirrt; ich wußte nicht mehr, was ich sprach,
Noch was ich that; nur daß ich immer mehr
Mich mühte, daß Ihr immer finst'rer blicktet,
Statt freundlicher; gewiß, ich macht' Euch Schande, —
Und doch, gewiß! ich wollt' es nicht.

Albrecht.

Ja — mir?
Mir zu gefallen gabt Ihr Euch die Müh'?
Ei, armes Weib, das so sich zwingen muß
Zu thun, was ihr zuwider ist! Da kommt der Gast.
Ich bitte, seid was steifer! So!

(Der **Kanzler, Hanns, Jsotta** kommen.)

Albrecht.

Ei willkommen, alter Herr! Begrüßt ihn, Frau Agnes;
sagt ihm, Ihr freut Euch, ihn zu sehen!

Agnes.

Ich freu' mich, Herr, gewiß!

Albrecht.

Ei stolzer! stolzer!

Agnes.

Seid uns willkommen!

Albrecht.

Hirn, ich werde irr'!
Kann wer so heucheln?

Agnes.

Wär' er wieder fort!

Kanzler.

Tiefsten Dank, gnädiger Herr, und Euch lege ich mein Herz
zu Füßen —

Albrecht.

Hat man das erlebt?

Kanzler.

Was, gnädiger Herr?

Albrecht.

Daß ihr Euer Herz einer Dame zu Füßen legtet? Böse
Menschen — nicht am Hofe, denn da giebt es keine bösen Menschen — böse Menschen behaupten von Euch, Ihr hättet es Euch
ausschneiden lassen, weil's Euch hinderlich war am Hofe, und in
der Maschine —

Kanzler.

Ja, gnädiger Herr, wie es die Läufer mit ihrer Milz thun?
Doch Ihr verderbt mir meine Rede. — Nun, man hat's erlebt —

Albrecht.

Also doch —

Kanzler.

Daß man sich fing in seiner eigenen Redekunst —

Albrecht.

Ach so.

Kanzler.

Euch dank' ich ehrerbietigst, hohe Herzogin — der Schönheit Königin —

Albrecht.

Würde der Dichter sagen. Allein — doch davon nachher!
Und somit, Frau Agnes, bitten wir Euch um Urlaub. Bei seinem
Geh'n wird der Herr Kanzler die Herzogin von. Baiern be-
grüßen, hoff' ich.

(Agnes, Isotta, Damen ab.)

Albrecht (nachsehend).

Wahr und doch Lüge — Lüge und doch wahr!
Das drückt die Sporen ein und reißt zurück doch,
Und bäumt das Hirn zum Wahnsinn,
Und macht mich Weib genug, ihr nachzuseh'n,
Thaufeucht, wie Erd' der Scheidesonne Geh'n.
Ha, ich vergesse mich! —
Und nun zu dem, was Ihr mir bringt, Herr Kanzler.

Kanzler.

Hier, gnädiger Herr, ein Schreiben von Eures Vaters fürstlicher Gnaden eig'ner Hand.

Albrecht (hat geöffnet; für sich).

Die Zeilen strafen mich und jeder Buchstab'
Läuft Sturm auf seines Sohnes Herz; es braucht
Des Sinnes nicht, der sie beseelt. — Ich will
Es später lesen und die Antwort senden.
Was Neues sonst, Herr Kanzler Tuchsenhauser?

Kanzler.

Gnädiger Herr, die Ritterschaft und die Stände von Baiern
— da Eures Vaters fürstliche Gnaden ihnen zu lange zu zögern
scheint in dem, was sie für nöthig halten, — ja, die Stände
haben einen Tag und einen Ort gesetzt, um unter den Flügeln
des Herrn Burggrafen von Nürnberg wegen deß' zu berathen,
was seit dem Turniere zu Regensburg alle Herzen erregt, und

was, obgleich nicht neu mehr, doch so neu erscheint, daß es alles Neue neben sich alt macht.

Albrecht.

Himmel! solchen Lärmen um einen umgestoßenen Hauben=stock! Mit Hirn ausstopfen, wäre der beste Rath für Schädel, die so an überflüssigem Echo krank sind. Aber es sind schlechte Jahre für dies Gewächs; es will nicht gerathen.

Kanzler.

Im Interesse meines gnädigen Herrn forsch' ich selbst auf meiner Reise — anderwärts ließ ich's durch Freunde thun —, um aus den einzelnen Meinungen mir den Spruch, der erfolgen möchte, vorbildend zusammenzusetzen. Das Resultat war — aber verzeiht, gnädiger Herr, ich muß in ihrer Sprache reden.

Albrecht.

Ja, Ihr redet lieber fremde Sprachen; daß ich es anders halte, werdet Ihr, hoff' ich, bald hören.

Kanzler.

Nun, die Meinung ist — ich benutze Eu'r fürstlichen Gna=den Vergünstigung —: fiel' es Euch schwer, Euch von dem — Gegenstande Eurer Anbetung zu trennen, so möchtet Ihr sie be=halten, als — verzeiht, als — Euer — Schätzchen —

Albrecht.

Als — Himmel und Erde! sprecht mir das Wort nicht noch einmal aus!

Kanzler.

Da aber Baiern der Erbfolge und davon abhangender Ruhe und Sicherheit wegen einer Herzogin bedürfe — wolle sagen: einer wirklichen, das heiße: einer geborenen Fürstin, so werde man fürstliche Gnaden — ernstlich vermahnen müssen, zu solcher ebenbürtigen Verbindung —

Albrecht.

Wie? Mir das? Albrecht dem Wittelsbacher?

Kanzler.

— Des Nächsten zu schreiten. Widrigenfalls —

Albrecht.

Widrigenfalls? —

Kanzler.

Nun, man habe es erlebt — Euer fürstlichen Gnaden seien die Ansprüche nur zu bekannt, die Euer Vetter, der Bärtige, Herr Ludwig zu Ingolstadt fürstliche Gnaden, wiederholt an Eurem Herzogthume geltend zu machen versuchen wollen — und so —

Albrecht.

Und so — ich will Euch der undankbaren Mühe entheben, fremden Unsinn weiter nachzuschwatzen, Herr Kanzler — und so — werden sich fürstliche Gnaden, Herr Albrecht, durch den Popanz der Entsetzung einschüchtern lassen — und so — Wie? muß man fortwährend um sich hau'n, um von diesen auserwählten Spatzen der Weisheit nicht für einen alten Hut, über Stroh und Lumpen hängend, gehalten zu werden? Kein Vater wird einen Sohn so gehorsam finden, als mein Vater mich, wo ich ihm gehorsam sein darf; aber jenen Puppenspielern der Majestät sagt: Albrecht der Wittelsbacher habe die Drähte zerschnitten, an denen sie zieh'n. Ihm gelte nur der adlig, den sein Verdienst adle; fürstlicher sei kein Weib an Wahrheit, Ehr' und Treue, und würdiger des Baiernthrones, als das seine; und ob er selbst ein höheres An= recht an diesen Thron geltend machen könne, als das zufällige der Geburt, — ei nun, sie seien in dem Falle, darüber Aufklärung sich zu verschaffen. Und — doch genug, übergenug davon! Wie lange werdet Ihr bei uns bleiben, Herr Kanzler?

Kanzler.

Gnädiger Herr, ich habe nicht Muße, meine Flügel zusam= menzuhalten. Vergönnt mir noch, mich bei Eurer hohen Gemahlin zu beurlauben.

Albrecht.

Ich folge Euch, aber den Abschiedstrunk sollt Ihr mir nicht vergessen, eh' Ihr weiter fliegt!

(Kanzler ab).

Albrecht.

War's wahr, ich sprach ein großes Fürstenwort.
Doch fühlt' ich, was ich sprach? Ein hohler Prahler,
Ein Schatten, der, nachäffend, vor'ges Sein
Verhöhnt! Ha, Mühlgeklapper, weiter nichts!
D'rin liegt des Werkes Seel', der Müller todt,
Drauß' klappt indeß die Mühl' mechanisch fort,
Nicht Körner mahlend mehr und darum nur
So lauter klappernd. Wie? Was thu' ich denn,
Mein Dräuen wahr zu machen? Such' ich Freunde?
Und werbe Söldner? Häuf' ich Waffen auf?
Die schlechte Gegenwart belügend, mach' ich
Zum Lügner bessere Vergangenheit
Und setze Mannespläne, die als Knab'
Ich faßte, nun als Mann' zu Knabenträumen
Herab, vom Zweifel hin und her und Glauben
Geschaukelt zwischen Stolz und Reu', am Zweifel
Die Reue wachsend und an Reu' der Zweifel
Im Wechselzeugen ohne End'. — Stets thu'
Dem Manne, Schicksal, so, der zweier Dinge
Sich frevelnd so vermißt, daß keinem er
Gerecht wird und an einem kränkt das and're.
Gewißheit! Könnt' ich wünschen doch, ihr Droh'n
Wär' Wahrheit schon und ich der Kron' entsetzt,
Dann weiß ich sicher, ob dies Weib mich liebt,
Ob nicht, und die Gewißheit, diese Mutter
Der Manneskraft, sie schüfe mich
Zum zweitenmal zum Mann. Ha wie — wenn ich —
Hier dämmert der Gewißheit Morgengrauen,
Die Sonn' verkündend — Strahl, erlisch mir nicht,
Eh' du die Hoffnung mir entzündet! — wie?
Ja, so halt' ich dich fest! Wenn sie erfährt,
Was mich bedroht, und finst'rer mal' ich Nacht,
Als schon sie ist — und ich ihr sage:
Willst Du nicht Herzogin mehr sein, bin ich

Gerettet? Ja, so sei's; und sagt sie Ja,
Dann, Erd' und Himmel trotzend, halt' ich sie
Auf meinem Schild als Baierns Herzogin —
Was sag' ich? Deutschlands Kaiserkrone setz'
Ich einst ihr auf ihr Haupt! Doch sagt sie Nein,
Von diesem Herzen
Reiß' ich sie los, und sollt's zerrissen sein! (Ab.)

Der **Pfleger** des Schloffes, Ritter **Landsberg** treten auf.

Landsberg.

Den Lärmen von dem Besuche des Kanzlers bei Eurem Herrn benutzt' ich, mit Hilfe dieses Reitermantels mich Euch unerkannt von Andern zu nähern.

Pfleger.

In fremder oder eigener Gestalt, Ihr seid mir willkommen, Herr Landsberg! Noch willkomm'ner, könntet Ihr mir Gutes von dem Befinden des Herrn Vizedom sagen.

Landsberg.

Diese Zugabe zu Eurer Freundlichkeit kann ich mir nicht zu Nutze machen. Der Vizedom krankt seit dem Turnier von Regensburg — nun, ihr wißt — von Tag zu Tag dem Tod sichtbar entgegen, und nur die Gewalt eines Gedankens, eines noch ungelösten Gelübdes hält die reisefertige Seele noch in dem verfallenden Haufe zurück. Ich wünschte, Ihr führtet mich an einen Ort, wo unserer Unterredung Störung weniger droht, als hier.

Pfleger.

Kommt mit und sprecht Euch aus. Ich hab' ein Ohr, das zu empfangen, was Ihr mir mittheilen wollt; aber keinen Mund, es weiter zu geben. Herr, mit dem Vizedom stirbt die baiersche Adelsfreiheit, und — doch kommt, Herr! Es wäre Manches zu sagen. (Gehen ab.)

Agnes, Beate (von der Halle zurück).

Beate.

Ja, Euer Gnaden —

Agnes.

Sei still, Beate!

Beate.

Muß ich nicht so zu Euch sagen? Ei, gefällt's Euer Gnaden nicht mehr, Euer Gnaden zu heißen? Ja, Ihr sollt lachen, darum sprech' ich so, nicht, damit Ihr noch trauriger werden sollt. Das hättet Ihr nicht gedacht in Eures Vaters Gärtchen, daß eine der Herzogin müde werden kann?

Agnes.

Nimmermehr!

Beate.

Daß Ihr nicht singen sollt, nicht in den Garten laufen, wenn Ihr Lust habt — und immer der Schweif von steifen Damen hinter Euch drein!

Agnes.

Ja, was mir lieb ist und was ich kann, das darf ich nicht — und soll thun, was ich nicht kann. Und doch wollt' ich nicht müd' werden, säh' ich nur, es hälfe. Aber er wird nur immer wunderlicher. Ich glaub' schon, es ist nicht darum; aber warum sonst, das sagt er nicht. Manchmal, wenn ich im Bette aufsitz' die lange Nacht und kann nicht schlafen, da fällt mir ein, was mir mein Vater sagte —

Beate.

Wie? daß er es falsch meint, und wollt' Dich nur verlocken?

Agnes.

Nein! ich bin falsch, Du bist falsch, die ganze Welt ist falsch — er ist's nicht!

Beate.

Aber was sonst?

Agnes.

Nun, daß es ihn reu't.

Beate.

Muß er's denn an Dir auslassen? Hast Du denn ihn dazu gebracht, oder er Dich?

Agnes.

Ich wollt', ich wär' nie bei der Baſ' geweſen — nie! dann wär' ich nicht ſein Weib geworden. Damals war mir's nur um die Herzogin; ich glaub', damals hatt' ich den Raimund lieber als ihn; bis ich ihn ſah und er auf dem Banket um mich warb. Und auch nachher hab' ich zu viel an die Herzogin gedacht, und zu wenig an ihn.

Beate.

Weißt Du? der Raimund iſt hier?

Agnes.

Auf dem Schloſſe?

Beate.

Nein, in der Stadt, er iſt Söldner geworden beim Vize=dom. Wenn Du den Raimund genommen hätt'ſt, der wär' nicht ſo geworden gegen Dich, wie der Herzog. Komm', wir wollen in das abgelegenſte Zimmer geh'n; da wollen wir unſ're alten Lieb=chen ſingen und plaudern und wollen denken, wir ſind wieder im Gärtchen.

Agnes.

Ja, im Gärtchen, wie war's ſchön! Daß ich noch im Gärtchen wär'! Aber mein Herr müßte mit ſein, aber nicht ein großer Herzog, ein armer Badergeſell', wie der Raimund war. Der arme Raimund!

Beate.

Komm', ſei luſtig!

Agnes.

O mir iſt das Herz ſchwer, mir iſt das Herz ſchwer, es glaubt mir's Niemand, wie ſchwer mein Herz mir iſt! (Beide ab).

Es treten auf **Albrecht, Iſotta.**

Schluß des Fragments.

———

Tiberius Gracchus.

(Ein Fragment.)

Personen.

Mucius Scävola, römischer Consul.

Publius Scipio Nasica
Lentulus
Servilius
Nävius
} Senatoren und Optimaten.

Gajus Lälius
Marcus Pollio
} Senatoren.

Tiberius Gracchus
Marcus Octavius, ein Reicher
} Römische Jünglinge.

Publius Saturejus, ein Demagoge.

Mucius
Gajus
Strabo
} gemeine römische Bürger.

Ein Pergamenischer Gesandter.

Ein Schreiber des Consul.

Ein Herold.

Freunde Tiber's.

Senatoren von Nasica's Partei.

Senatoren von Lälius' Partei.

Volk. Clienten und Sclaven der Optimaten.

Gefolge des Pergamenischen Gesandten.

Volkstribunen. Lictoren.

Claudia, Tiberius Gracchus' Gemahlin.

Das Stück spielt in Rom im Jahre 133 v. Chr.

Erster Aufzug.

Ein Platz in Rom. Vorn, dem Schauspieler rechts, beginnt eine Straße. Hinten eine Halle mit Sitzen, mit breitem Eingange, welcher durch einen Vorhang geschlossen werden kann, dessen Außenseite mit den Wänden, in welchen der Eingang, das säulenverzierte Portal einer Curie darstellt.

Erster Auftritt.

In der Halle sitzen der Consul Mucius Scävola und Senatoren, darunter Nasica, Servilius, Lentulus, Nävius, Lälius, Pollio, und Andere von Nasica's und Lälius' Partei. Ein Schreiber. Vor dem Eingange zu beiden Seiten sitzen Lictoren, links dem Schauspieler steht wartend Tiberius Gracchus.

Scävola.

Verlies, Schreiber, den Senatsbeschlnß über den Vertrag mit den Numantinern und dem Quästor Tiberius Gracchus, der ihn schloß.

15*

Schreiber (ließt).

„Senat und Volk" —

Scävola.

Noch haltet ein — ist Tiberius Gracchus hier?

Tiberius.

Hier, Consul, und des Beschlusses gewärtig.

Scävola.

Lies weiter.

Schreiber (lesend).

„Senat und Volk haben beschlossen, den Vertrag, von Tiberius
Gracchus als Quästor des Consuls Mancinus mit dem Volke
der Stadt Numantia in Spanien geschlossen, für ungültig zu
erklären, weil schimpflich für die Ehre des römischen Namens,
und — darin den Entschließungen der Väter, treuer Bewahrer
römischer Ehre, in früherer Zeit und unter ähnlichen Umständen,
folgend, — genannten Tiberius Gracchus als Urheber und Ge-
währleister des Vertrages nackt und bloß dem Volke der Stadt
Numantia auszuliefern, damit dieses seines Schadens an seiner
Person nach Gefallen sich erhole."

Nasica.

So lautet der Senatsbeschluß. Hast Du,
Tiberius Gracchus, etwas noch zu sagen?

Tiberius.

Viel — oder Nichts, Nasica. Hätt' ich billige Richter —
Ich hab' sie nicht — spräch' schweigend ich genug;
So, sagt' ich tausend Worte, spräch' ich Nichts.
Ob der Vertrag, der zwanzigtausend Bürger,
Umzingelt so, daß keine Tapferkeit,
Und war sie mit Marcellus' Muth gepaart,
Den Tod zum Heldenschmuck verklären konnte —
Ob der Vertrag, der zwanzigtausend Krieger,
Ruhmlosem Tod verfallen, Rom gerettet,
Die Ehre Roms beschimpft — ich weiß es nicht;
Doch denk' ich, daß er deßhalb Rom beschimpft,
Weil ich ihn schloß.

Nasica.

Vernünftle nicht, ergieb Dich, sei bereit
Zur Reise. Heute noch trittst Du sie an.

Tiberius.

Sehr eilig hast Du's! —
Ich bin's, ich bin ergeben und bereit.
War je ich Römer, heute darf ich's zeigen,
Den Einzelwillen dem gesammten beugend.
Fremd überdies ist meiner Seele Trotz,
Und was ihm gleicht. — Seht Ihr mich tief erregt,
Um das ist's nicht, dem ich entgegengehe;
Sei's Tod, wie's denn wahrscheinlich, sei's Entehrung,
Schlimmer als Tod — und diese ist gewiß —
Nicht, was mein harrt, nein, was zurück ich lasse,
Droht meiner Fassung, macht das arme Wort mir
Im Busen beben. *) Nicht mein eigen Loos,
Roms Schicksal ist's, das mir die Augen näßt.
Wär' lieber meines Geistes Auge blind,
Daß ich's nicht sähe, wie die fremde Masse
Der Sclaven furchtbar drohend sich vermehrt,
Derweil die freien Bürger — Noth und Hunger
Wirft würgend auf den Grund sie, der die Fremden
Pflegend ernährt — in gleicher Schnelle schwinden
An Zahl und Wehrkraft. Säh' ich's, säh' ich nicht
Den Unglückstag sich nah und näher nah'n,
Der jene fremden Massen übermächtig
Zertrümmernd wirft gegen die Freiheit Roms,
Und das — hat keinen Kämpfer, keinen mehr!
Ein kurzer Tag würgt Freiheit, Ruhm und Größe,
Weltherrschaft, Glanz, Gewalt des armen Roms,
Den Prachtbau der Jahrhunderte — ein Tag!
Seh' ich allein ihn nah'n? Und giebt's kein Mittel,
Das ihn zurückhält? Götter! Alle sehen's!

---

*) tödtet mir das Wort
Noch ungeboren.

Es giebt ein Mittel, doch Rom braucht es nicht:
Ein Mittel, das kein Recht verletzt, nein! das
Verletzte Rechte heilt; ein Mittel, welches
Das Volk verjüngt und seine Wehrkraft mehrt
Und Zahl, und jene fremden Droher mindert.
Die Länderei'n, in früh'rer Zeit erobert,
Und ehe sie der Staat vergab, von Reichen
Bebaut — vorläufig hieß es da, doch sah'n sie
Das nicht Zurückgeforderte; warum man es
Zurück nicht forderte, ich weiß es nicht;
Nun, es geschah nicht, und die Ländereien,
Die ihr Besitzer, denn noch ist's der Staat,
Zurück nicht forderte, gewöhnten sie sich
Wie ein rechtmäßig Eigenthum und rechtliche
Erwerbung anzuseh'n — o gebt, Ihr Reichen, —
Ihr bleibt noch reich genug, auch ohne Unrecht;
Ruhmvoll wird's scheinen, was nichts ist als nackte
Gerechtigkeit, thut Ihr's freiwillig; — gebt,
O gebt die Länderei'n heraus, vertheilt sie
Nach gleichen Rechten unter's Volk und Euch.
Ihr rettet so für immer, was sonst Euch
Verloren ist und Jenen, rettet Rom.
Was sagt Ihr? Nichts? Ich seh durch kalte Blicke
In kält're Herzen; das ist schlimm'rer Tod,
Als mir der Spanier geben kann. Man sagt,
Das Wort von Sterbenden hab' größre Kraft,
Uebernatürliche; es ist nicht wahr!
Ich bin ein Sterbender, doch diese rührt
Mein Wort nicht; diese rührt kein Wort, und sprächen es
Die ew'gen Götter selbst. Zu euch, Ihr Götter,
Der Armen letzte Zuflucht, wend' ich mich:
Rom's Armen gebt Geduld, den Reichen leiht
Einsicht und Milde gegen ihre Brüder,
Daß sie das sind, was sie sich heißen lassen,
Mit Wahrheit sind, was jetzt mit hohlem Klang,

Die Väter Roms. Euch bitt' ich, hohe Götter,
Euch bitt' ich, fleh' ich, ruf' ich, Euch beschwör' ich,
Götter — ich kann nicht mehr — o Rom — o Rom!

(Er geht ab.)

Zweiter Auftritt.

Scävola.

Des Volks Tribunen! Den Senatsbeschluß
Gieb, Schreiber, den Tribunen. Nehmt ihn hin,
Um, wie es Rom's Verfassung will, dem Volk' ihn,
Das Ihr versammelt, zur Genehmigung
Oder Verwerfung mitzutheilen. Geht!

(Die Tribunen ab.)

Dritter Auftritt.

Nasica (für sich.)

Nicht zur Verwerfung weiß ich, heut. Das Volk
Ist eingeschüchtert, überdies erkauft.
Rom ist Tiber's, und wir der Sorge los.
(laut.) Ihr saht nun selbst, hochweise Väter Rom's,
Wie höchst gefährlich dieser Mensch dem Staat;
Ein Jüngling voll von mißverstand'ner Tugend
Und überspannt von Drang und Schwärmerei,

Die oft gewagten Muster alter Zeit noch
Zu übersteigern; — jetzt, wo nach Beendigung
Auswärt'ger Kriege armes Volk die Stadt
Zum Sprengen überfüllt, gewöhnt vom Kriege
Nichts ohne Führer, mit dem Führer Alles
Zu wagen, — ein Mensch, der Rede mächtig, nicht sein selbst,
Vor diesem Volke redend, leicht verführt' er's,
Ihn zu verführen — dieses ist noch leichter —
Zu Neuerungen, die den kranken Staat
Aus seinen Fugen völlig reißen würden.
Das macht zur Pflicht, ihn aus dem Staat zu schaffen,
Hieß mich den Antrag auf das Urtheil stellen,
Das ihn entfernt. Der Sache Ausgang nun
Zeigt, daß es Rom noch nicht an Guten fehlt.

(Er geht ab, die Uebrigen folgen ihm. Es bleiben nur *Lälius* und *Scävola,*
die im Gespräch nach vorn kommen. Sowie die Halle leer, schließt der Vorhang
ihren Eingang.)

Vierter Auftritt.

Lälius.

An solchen „Guten" wird es Rom nie fehlen;
Die Götter preis' ich nicht darum — doch ist
Zum Scherz die Sache nicht, nein ernst, zu ernst
Zum Scherz; wär's nur ein andrer Grund, als wirklich,
Der den Nasica so zum „Guten" macht.
Pah, die Gefahr für seine Länderei'n,
Auf denen er, ein kleiner König, sitzt,
Von tausenden von Sklaven; die, nicht Rom
Und Rom's Gefahr, macht ihn zu solchem „Guten."
Wahr sprach Tiber, nur zu wahr für die „Guten" —

Ich komme nicht von diesen „Guten" ab —
Und tief thut mir sein Schicksal leid, denn Bess'res
Verdient er.

Scävola.

Wunderbar umschließt der Jüngling,
Was irgend Hoffnung geben kann, in sich.
Nie sah ich solche Gaben sich mit solcher
Erziehung einen; schon als Kind besaß er
Die Herzen und die Zungen Rom's.

Lälius.

So ist's.
Mit meinen siebzig Jahren bin ich sein.
Stets ist's die Liebe, die die Liebe anzieht,
Wie Eisen der Magnet; in ihren Born,
Der unerschöpflich quillt in seinem Herzen,
Taucht er Empfangenes, und was er giebt,
Eh' er es giebt, und das Gemeine selbst
Bringt er als laut'res Gold aus ihm hervor.
Sein einz'ger Fehler, wenn es einer ist,
Und stets der Weichheit Schatten und Gefährte:
Zu leicht erregt des Bornes tiefe Gluth
Auf seinem klaren Spiegel Sturm, und Liebe zeigt,
Gewaltsam selbst gezwungen, sich gewaltsam.

Scävola.

Des Volk's Beschluß, denk' ich, wird ihn befrei'n
Von dem, was heut die Reichen durchgesetzt
Trotz unsres Müh'ns für ihn.

Lälius.

So hoff' auch ich;
Und thät ich's nicht, wär' meine heut'ge Sorge
Mit solchem heitern Lichtschein nicht gesäumt.
Dies Hoffen ließ mich scherzen über das,
Was uns im tiefsten Herzen krank gemacht:
Die Macht der Reichen und ihr hartes Herz.
Bis heute dacht ich wie Tiber — ich weiß,

Auch Du, mein Consul, und die Väter alle,
Die wir die „Guten“ nennen, nicht Nasica,
Ihr dachtet ebenso, saht in der Theilung
Der unvergeb'nen Länderei'n des Staates,
Die jene ohne Recht sich angemaßt,
Die Heilung der Gefahren Rom's. Von heut' an
Werd ich wohl anders denken. Schlimm ist's, schlimm.
Und Worte bessern's nicht. — Doch laß uns geh'n;
Der Sonnenzeiger an dem Janustempel
Weif't späte Stunde. — Es war ein langer Kampf,
So lang als hart, und — jene blieben Sieger!

(Sie gehen ab, die Lictoren vor dem Consul.)

Fünfter Auftritt.

Tiberius, Claudia und Octavius.

Claudia.

Nein, laß mich schelten! Hören es die Götter —
Sie hören's nicht — Tiber, der fluchen dürfte,
Thut es ja nicht. Ohnmächtig rüttelt mein
Gebet am Himmel, nicht stürzt er auf jene;
Tiber's Gebet hält seine Pfosten fest.
Sein Weib und seine Freunde mögen leiden,
Sie dürfen schadlos sein.

Octavius.
O, sieh ihn an,

Schou' ihn, birg' Deinen Schmerz; ich thu' es auch.

Claudia.

Tiber! Tiber!

Tiber.

Mein Weib, mein liebes Weib!

Octavius.

Doch willst Du nicht den Volksbeschluß erwarten?

Tiber.

Wozu, Octavius?

Claudia.

Ja, mein Tiber!
Erwart' ihn. Wenn's auf ewig scheiden gilt,
Ist Zögern schon ein Glück. Reiß' Dich nicht los!
Ist schon die Neige bitter, süßt sie uns
Erinnerung. Wir leben noch einmal
Die Stunden alle, drängen Jahre Glück's
In einen einz'gen Augenblick zusammen.
Dann — bleib', erwarte noch den Volksbeschluß!

Tiber.

Vom Volke hoff' ich Nichts.

Claudia.

Dann ist es schlechter,
Als jene noch, undankbar, schnöd' undankbar —

Tiber.

Verkauft mich heut der Arme nicht, wovon
Soll morgen er mit Weib und Kindern leben?
Wir haben Hunger nie gefühlt, mein Weib,
Wir waren glücklicher, sind drum nicht besser,
Wenn wir nicht wissen, was das Elend kann.
Und sind sie schlimm, wie sollten sie's nicht sein,
Besitzlos, ohne Heimath, wie sie sind?

Claudia.

Sprich nicht von Heimath! Du sollst keine haben.
Schlimm'res noch droht — Tiber, was Dich bedroht,
Ich darf's nicht denken!

Tiber.

Recht; denk' nicht d'ran!

Octavius (zu Claudia.)

Ich folg' ihm, doch ich sag's ihm jetzo nicht;
Er gäb's nicht zu.

Tiber.

Ihr Götter! keinen Abschied!
Denk', wo ein Römer, da ist Rom, und Götter
Schau'n golden auf uns nieder überall.
Nein, keinen Abschied, keinen! Wie der Hirsch —
So hört' ich oft, ich selber liebte nie
Der Jagd grausame Lust — der edle Hirsch,
Wenn tödtlich ihm der Pfeil in's Leben drang,
Stirbt ohne Laut; nur eine Thräne bebt
Im großen Aug; so sinkt er stumm zusammen,
Zum Nacken still das Haupt; — so klaglos heilig,
Wie dieses edle Thier, sterb' unser Glück.
Noch einmal, eh' ich gehe, laß das Haus,
Wo meine Wiege stand, mich grüßen, dann
Wie Kinder plaudern wir von schönern Tagen;
So gleit' ich wie ein welkes Blatt vom Zweig,
Das unter Schwestern eben noch geflüstert,
Das Niemand fallen sieht. Dorthin gewandt
Steht Ihr, und — dahin scheid' ich mit der Sonne.

(Alle ab.)

Sechster Auftritt.

Volk. Mucius. Gajus. Saturejus. Später Strabo.

Mucius.

Muß ich Formalien machen, Gajus?

Gajus.

Freilich, Mutius, wenn Du zum Volke reden willst.

Mucius.

Und ich habe das Wort?

Gajus.

Zugegeben, Du hast das Wort, Mucius.

Mucius.

Nun, ich bin von meinem Achtzehnten bis in mein Drei=
undsechzigstes Soldat gewesen und habe nie Formalien gemacht.
Und soll ich's heute, wo wir gehen, um abzustimmen, ob Tibe=
rius Gracchus in den Tod gehn soll oder nicht? Seht Ihr, unser
Centurio in Spanien war ein Mann, der gewiß seine Formalien
machen konnte, wenn er wollte, ein Mann wie von Eisen, sag'
ich Euch. Und wie Tiberius Gracchus vom Heere ging in Spa=
nien, schlug unser Centurio seine viereckige Faust zornig vor seine
Augen, weil er Wasser drin hatte, wie ein Weib; wir gemeinen
Leute aber heulten laut.

Gajus.

Nun siehst Du Deine Formalien, Mucius? Und Du kannst
keine machen, Du nicht?

Mucius.

Sind das Formalien?

Gajus.

Freilich, und zwar formaliter, siehst Du, Mucius. Forma=
lien müssen sein, und Deine sind eben soldatische. Wie, Mucius?

(Strabo kommt.)

Mucius.

Nun, dann soll mir Einer sagen, der mit in Spanien war,
ob meine Formalien ehrliche Formalien sind oder nicht.

Stimmen.

Ehrliche, Mucius — Keiner vom spanischen Heer, der nicht
für Tiber durch's Feuer gelaufen wäre.

Gajus.

Nun seht Ihr, nun seht Ihr! Einmal muß es zum Ausbruch

kommen, ob Mucius in Spanien und Afrika und Macedonien
gewesen ist. Da sieht man's, und ich denke, es hat seine Folge=
rungen, daß ich täglich auf dem Forum bin.

Strabo.

Weil Deine Frau dies nicht leiden will, so forumt sie Dich
zu Hause und ist Dein Prätor und Lictor zugleich.

Gajus.

Man lasse das, was nicht zu den Formalien gehört. Mucius,
sprich weiter; Mucius, Du hast das Wort.

Mucius.

Und haben wir Ursache dazu, Bürger? Er und nur Er
hat zwanzigtausend arme römische Bürger vom gewissen Tode
errettet. Die Numantiner trauten nur ihm. Bürger, ich bin einer
von den zwanzigtausend und bin lebendig und in Rom. Hatten
wir Ursache dazu, Bürger? Nun, so mögen die Götter sich über
uns erbarmen. Muß ich Formalien machen? So müssen es meine
Augen thun, denn ich kann nicht mehr reden.

Gajus.

Gut, sehr gut, Mucius! — Bürger, abgesehn davon, daß
es Mucius mit den Augen thut, und aller übrigen Rechte und
Pflichten unbeschadet, können wir's vor den Göttern verantworten,
wenn wir Tiberius Gracchus in den Tod schicken lassen?

Strabo.

Ich bitte um's Wort —

Volk.

Nein, Gajus, nein, wir können's nicht.

Strabo.

Ich bitte um's Wort. Und bleibt noch, Bürger!

Gajus.

Du hast es, Strabo.

Strabo.

Ihr nehmt die Sache nicht richtig, Bürger. Gut, Tiberius
Gracchus hat zwanzigtausend von uns das Leben erhalten. Gut.
wenn das Leben ein Geschenk ist für den, der Nichts zu leben

hat. Aber wenn uns Tiberius Gracchus unsre Ländereien ver=
schafft, dann haben wir zum Leben auch Etwas zu leben.

Gajus.

Recht, zugestanden. Aber unsre heutigen Formalien haben
nichts mit den Ländereien zu thun.

Stimmen.

Richtig, Strabo. Gajus weiß, was zu den Formalien
gehört.

Gajus.

Ich danke Euch, Bürger —

Strabo.

— daß sie ihren Verstand hingethan haben, wo sie ihn nicht
wiederfinden? Was die Ländereien mit unsern heutigen Forma=
lien zu thun haben, sieht ein Blinder. Seht, Bürger, wozu dieser
Senatsbeschluß? Der römischen Ehre wegen? Ja, so steht's
darin. Aber ich sage Euch, es ist unsrer Aecker wegen.

Gajus.

Ja, hm! Deine Folgerungen, Strabo!

Strabo.

Nun seht, Tiber hat geäußert, wir müßten unsre Aecker
haben, und die Reichen fürchten, er setzt es durch, wenn er hier
bleibt. Ich sage Euch, Bürger, Tiber soll in den Tod, weil sie
unsre Aecker behalten wollen.

Gajus.

Hier ist Etwas, hier ist Etwas, oder das ist nicht meine
Hand!

Strabo.

Ich sage Euch aber, sie sollen unsern Tiber nicht in den Tod
schicken, und sollen auch unsre Aecker nicht haben! Wohin, Bürger?
Laßt ganz, was Ihr noch an Sohlen und Schuhen habt oder
von Haut an Euren Füßen. Denkt Ihr, wir sollten auf Euch ge=
wartet haben? Alle unsre Stimmen waren verkauft. Aber mögen
die Blutsauger dafür thun, was sie wollen und können: es ist ab=
gestimmt, Tiber ist frei und nunmehr auch zu unserm Tribun er=
wählt. Denn das muß er sein, um uns zu unsern Aeckern zu
helfen. Laßt uns Tiber aufsuchen! Kommt, Bürger!

Volk.

Kommt, zu unserm Tiber, zu unserm Tiber!

Eine Stimme.

Dort kommt Tiber von seinem Hause, mit dem Lictor, unser armer Tiber! Laßt uns ihm entgegen, laßt ihm des Volkes Liebe und Vertrauen zu ihm sehen. Gehst Du mit, Saturejus? Kommt, Bürger! Kommt zu unserm Tiber!

(Volk ab.)

———

Siebenter Auftritt.

Saturejus.

Freilich komm ich mit — zu Eurem Tiber! Euer Tiber! — Geht zum Henker; ist das Alles, was ich erreicht habe? Erst kroch ich vor den Reichen wie ein Hund, um ein hündisches Abendessen, gegeben wie einem Hund, gegönnt wie einem Hund und verzehrt wie von einem Hund; ich hätte sie gern dafür gebissen wie ein Hund. Deshalb begann ich vor dem Volke zu kriechen, schimpfte auf die Reichen und küßte Schuften die Hände, ärmer und schlechter, als ich selber bin. Aber es war auch Nichts; denn da kam dieser Tiber; er sagte: gebt mir Eure Liebe! Sie zahlten sie ihm hin und er strich sie ein. Da kommt er. Recht, höchst zerlumpter, aber höchst edler Staatsbürger Gajus, küß' ihm die Hand. Hängt euch an ihn wie Schmutz, springt an ihm in die Höhe wie Hunde. Er kann sich ihrer nicht erwehren. Ich hasse ihn, den er will besser sein, als die Götter ihn geschaffen haben, mehr, als ein Mensch. Das will sagen, mehr, als ein vernünftiger Hund. Das ist der edle Vorzug des Menschen, elend sein zu können, wozu es der vernunftlose Hund nie bringt — Ich neide ihm sein Glück; aber da die Woge der Volksgunst ihn hebt, will ich mich anhaken an ihn. Erst will ich sehn, wo ich ihm beikommen kann, — und ist er Euer Tiber, Gesindel, soll er auch der meine sein, aber ich nicht sein Saturejus.

Achter Auftritt.

Tiber, Claudia, Octavius, Gajus, Mucius u. s. w.

Tiber.

Was ist? was wollt Ihr? Sagt, kann ich Euch helfen?

Gajus.

Da hast Du unsre armen Formalien, da hast Du des elen=
den Volkes Formalien, Tiber!

Volk.

Unsere armen Formalien! Unser Tiber!

Tiber.

Euer Tiber? Ich bin's!
Sie fassen mich, und küssen meine Hände,
Kein Zipfel meines Kleid's, den sie nicht faßten.
Entsetzlich' Elend, dem ein Gott erscheint,
Wer ihnen menschlich nur entgegen kommt.
Was wollt Ihr Armen? macht mich nicht zum Weibe!
Laßt mich! Ich bin ein Mensch; ich bin kein Gott.
Doch kann ich's, was Ihr bitten wollt — so nicht.
Nein, so nicht mehr! Sonst muß ich euch entfliehn.
Ich bin zu weich. Glaubt Ihr, ich bin von Stahl?

Mucius.

Wir gehen in den Tod, eh' wir Dich gehen lassen!

Gajus.

Das sind unsere elenden Folgerungen, Tiber!

Strabo.

Du mußt nicht in den Tod, Tiber!

Tiber.

Was ist das? Götter, gebt Besinnung, gebt!

Mucius.

Wir elendes Volk haben Dich frei gemacht.

Tiber.

Wie? Ihr? — und ich? — Die Geber Ihr, ich muß
Der Nehmer sein? Octavius! Claudia!
Träum' ich? Ich soll nicht geh'n? O, weckt mich, Freunde!
Getäuscht aufwachen, Götter, wäre Tod!
Faßt mich, daß ich Euch fühle! Fester! fester!

Claudia.

O mein Tiber!

Octavius.

Tiber!

Volk.

Unser Tiber!

Tiber.

Bin ich's, dem diese Welt voll Liebe ward?
Euer Tiber! Ja Euer! — Seht sie an,
Claudia, Octavius! o seht sie an!
Die Körper kaum bedeckt, die Wangen bleich,
Des Elends Stempel überall, kein Glied,
Das jammervolle Kunde nicht erzählte
Von Noth und Hunger, übermenschlich, furchtbar!
Wie? Wißt Ihr was Ihr thut, die Ihr von harter Hand
Wild auf den Weg geworfen und zertreten?
Ihr, deren Born so lange Noth versiegte,
Daß keine Thräne für den Schmerz Ihr hattet,
Nicht für das Weib, nicht für die Kinder, nicht
Für Aeltern und Geschwister, wenn die Pest
Des Hungers sie aus Euern Armen riß,
Nicht für Eu'r eignes Elend — ew'ge Sonne,
Sahst je Du Solches? Weltumschauer, siehe,
Sie weinen Freudenthränen, daß sie mir,
Mir Liebes zeigen konnten! Wie? Ihr thatet,
Was Eure Peiniger Euch nie verzeih'n?
Wie? mußtet Ihr es wagen, mußtet Ihr?

Mucius.

Sie mögen uns thun, was sie können, wir tragen's um Dich, Tiber!

Tiber.

Ihr Götter, die Ihr niederschaut, empfingt
Ihr je solch' Opfer, Ewigwaltende,
So lang die Welt, von Eurer Hand gehalten,
Im Aether schwebt? O, seht herab, in diesen
Zertret'nen Euer heilig Bild noch ganz!
Die Schrift der Götter in der Menschheit Buch,
Wer mag sie löschen? wer den ew'gen Kern
Der Menschenbrust ertödten? Noth und Hunger,
Thut Euer Aergstes; wilde Tyrannei,
Zerstück' ihn; aus den Stücken siegend noch
Schlägt seine Gluth und weht, ihr eigen Banner,
In goldner Säule hoch ob dem Gemeinen,
Das sie verzehrt, und grüßt die ew'gen Götter
Als ihres Wesens Schwester und Genoß.

Strabo.

Hörst Du den Volksjubel, Tiber? Du bist unser Tribun!

Tiber.

Wie? neue Ehre? Noch die alte nicht
Bezahlt, und neue Ehre schon? — Ihr lähmt
Mit solchem Vorsprung der Vergeltung Sehnen,
Und wären sie von Stahl! Euer Tiber?
Bin ich nicht Euer? Eu'r erkauftes Gut?
Nie mög' der Tag Euch wecken, wo Ihr sagtet:
Unser zu theu'r erkauftes Gut. Hört, Arme,
Elende, wie Tiber sich Euch versiegelt
Mit Allem, was er hat und ist; o wär'
Es mehr um Euretwillen! Und nun bitt'
Ich, laßt mich heimgeh'n. — Sagt, nein, müßt Ihr sehen,
Wie schwach ich bin? — Ach, nur der Wunsch ist stark,
Um Euretwillen stark zu sein. Nein, laßt mich,
Umdrängt mich nicht, laßt meine Hände! Ich —
Euer Tiber fleht Euch, Ihr Freunde, schont mich!

(Er geht; die Uebrigen folgen, außer **Saturejus**.)

Neunter Auftritt.

Saturejus.

Nun, toller konnte es nicht sein, wenn ein Gott zu diesem Gesindel herabgestiegen wäre. Aber der Gott war noch mehr außer sich, als seine Anbeter. Es war mehr Verstand in den Schuften, ihn zu dem Versprechen zu verlocken, als in ihm, das Versprechen sich ablocken zu lassen; ein Wort, dessen Klang so glatt von den Zungen glitt, als das Nichtssagendste: Euer Diener, mein Herr; an dessen Halten aber einer ersticken könnte, der seinem Verstande mehr Athem gönnt, als dieser Tiber. Gut, er ist in der Stimmung, die ich brauche. Ich will mich einnisten — nicht in ihn, sondern in sein Glück; denn der Sterbliche ist ein Thor, der es mit einer andern Gottheit hält, als mit dem Glück.

(Ab.)

Zehnter Auftritt.

Strabo mit Volk.

Strabo.

Saht Ihr, wie er gerührt war von unserm Elend? Hörtet Ihr, was er sagte? Bürger — er ist so gut — um eine Thräne zu trocknen, gäbe er den Himmel, wenn er ihn zu verschenken hätte, sag' ich Euch; solchen Tribun findet das arme Volk nicht mehr, so lange die Sonne auf und untergeht. Drum, wenn ihr Eure Aecker haben wollt, Bürger; zeigt Eure Wunden, doch so, daß es nicht scheint, als thätet Ihr das, damit er die Wunden sehe; seufzt und seht traurig aus; ich habe einen Schreiber in meiner Verwandtschaft und will an alle Monumente schreiben lassen, was das arme Volk von ihm erwartet. Seht Ihr ihn kommen, drängt Euch um ihn, küßt ihm die Hände und Kleider und was Ihr nur erwischen könnt; wenn er auf dem Heimwege ist, begleitet ihn und zeigt ihm, was Ehre Ihr wißt und könnt. Ich sage Euch, Bürger, rettet uns einer aus unserm Elend, so ist's unser Tiber, sonst keiner — und wäre er ein Göttersohn.

Volk.

Nein, keiner als unser Tiber, keiner als unser Tiber. Wir Alle thun, was Strabo räth.

(Ab.)

Elfter Auftritt.

Tiber und **Saturejus** treten auf.

Saturejus.

Darum, Tiber, weil Du Tribun bist, beantrage das Gesetz der Ackertheilung; wir Alle stehn bei Dir.

Tiber.

Ich will's. Verzeih', Dein Name!

Saturejus.

Ich bin einer von den Vielen, die keinen Namen haben, ein gewisser Saturejus. Besinne Dich nicht vergeblich. Du hast noch nichts von mir gehört, und wenn, nichts Gutes. Saturejus — nun, der Name ist so bequem zu vergessen, als irgend ein andrer. Aber Deine Mittribunen, was die betrifft, so wäre nichts gegen sie zu sagen, als daß ich darunter bin. Trotzdem kannst Du Dich auf sie verlassen; es ist keiner darunter, der Veto sagt, wenn Du das Gesetz vor dem Volke beantragst, und so muß es durchgehen.

Tiber.

Der Antrag soll meine erste Amtshandlung sein, die Durchführung des Gesetzes meine Lebensaufgabe.

Saturejus.

Gut; denn ich habe, so fremd ich Dir bin, den Plan, mich bei Dir einzunisten, wie man sagt.

Tiber.

Du bist ein eigener Kauz, scheint es.

Saturejus.

Pah, Kauz! Sag': Schuft. Alle Menschen sind Schufte.

Ich bin der Schlimmste darunter. Ich krieche um ein Abendessen, ich schmeichle Dir, wenn Du eitel bist; und bist Du es nicht, so mache ich Dich eitel. Glaubst Du es nicht, so lade mich ein, und Du wirst es sehen. Ich glaube, ich hungere seit zwei Tagen, und ich hatte schon öfter nichts zu essen.

Tiber.

Du bist mein Gast, Saturejus? Aber einem Verläumder glaube ich nicht, und Du bist dein eigener Verläumder.

Saturejus.

Pah, mein Freund. Denn ich sage nie die Wahrheit.

Tiber.

Du forderst zu viel von Dir, Saturejus.

Saturejus.

Nichts da; ich forde nie Etwas von mir, Alles von Andern.

Tiber.

Du bist eines von jenen seltenen Geschöpfen, merk' ich, die außen Stein sind und innen Perlen. Wer den Muth hat, schlechter zu scheinen, als er ist, kann nicht schlecht sein. Ich urtheile nicht nach Worten, sie sind Luft. Gieb mir die Hand und komm mit in mein Haus.

Saturejus.

Du solltest mich nicht in Dein Haus kommen lassen, geschweige in Dein Herz. Nun, Du thust es auf Deine Gefahr; ich schminke mich nicht; ich nicht habe Dich betrogen, Du Dich selbst! (Beiseite.) Er ist im Glücke. Ich hab' ihn. Das ist eine Erfindung, die Menschen zu belügen, indem ich die Wahrheit sage.

Tiber.

Und käm' ein Gott in diese Welt, er müßte,
Sich zu bethätigen, die Dinge schaffen,
Wie mir das Glück sie ungebeten zuführt.
Ihr Götter, Dank dafür! Und wär' das nicht —
Die Armen und Zertret'nen lös'ten mich
Mit eigener Gefahr, und ich, Ihr Götter,
Ich sollte Jemand's Schuldner sein an Liebe
Und doppelt ihm die Schuld nicht überzahlen?
Komm, Saturejus, gieb mir Deine Hand.
Du bist des Volkes Freund, drum bist Du meiner.
So lang' ich habe, ist für Dich bei mir
Gedeckt. Komm, Saturejus, zu den Freunden!
(Beide ab.)

Ende des ersten Acts.

————

Gedichte.

Der böse Fleck.

Ballade.

Der bleiche Junker steigt vom Pferd,
Der bleiche Junker nach Ruh' begehrt.

„Es treibt mich umher ohne Ruh' und Rast
Und bin mir selber im Herzen verhaßt.

Dort ist ein Plätzchen kühlig und still;
Ob dort mir die Ruhe kommen will?

Die Lämmer grasen herab und heran;
Was hat den Thieren das Plätzlein gethan?

Sie drängen sich sonst und sind hungrig sehr;
Das Plätzchen allein, das bleibet leer;

Und ist das blumigste Flecklein der Trift.“
„„Herr bleicher Junker, die Blumen sind Gift.““

Und ungestraft hier Keiner ruht.
Steht auf, Herr Junker, euch wird nicht gut.““

„Was soll's, du Schäfer, mit deinem Geneck?“
„„Herr Junker, das ist ein böser Fleck.““

„Was soll das heißen?“ Der Junker lacht.
„„Dort ist eine blutige That vollbracht.

Die Lämmer weichen dem Fleckchen aus;
Die Menschen darauf erfaßt ein Graus.““

„Herr Gott, wo bin ich? Das Flecklein da?
Drei finster dunkle Erlen so nah?

Der grüne Hügel so lang und so schmal?
Und drüber das Kreuz und das steinerne Mal?“

Der Junker taumelt empor vom Stein;
Ein Fieber rüttelt an seinem Gebein.

Wie Feuer 's an seinem Herzen leckt,
Wie Binsen empor sein Haar sich reckt.

Und reitet voran und herum und hinum,
Und reitet und reitet und sieht sich nicht um.

Und Morgen wird's und wieder Nacht
Und kann nicht schlafen und immer wacht.

Und reitet voran und herum und hinum
Und reitet und reitet und sieht sich nicht um.

Und reitet und reitet herum und heran,
Doch nimmer das Bangen verreiten kann.

Und wie die zwölfte Stunde schlägt,
Der bleiche Junker 's nicht mehr erträgt.

Noch brummt die Glocke vom nahen Schloß;
Der bleiche Junker, er sinkt vom Roß.

Der Mond der scheint herab so still;
Der bleiche Junker vergehen will.

Von außen faßt ihn der starke Tod;
Von innen faßt ihn die stärkere Noth.

„Herr Gott! schon wieder die Blumen da?
Die finstern, die rauschenden Erlen so nah?

Der grüne Hügel so lang und so schmal,
Und drüber das Kreuz und das steinerne Mal?"
Ein blutig Weib sitzt auf dem Stein.
Herr Gott! Erbarm' dich der Seele sein.

Der Städterin Wunsch.

Ein Pfarrermädchen möcht' ich sein,
Wie auf dem Lande sind;
Ach, so ein Pastorstöchterlein
Ist gar ein glücklich Kind!

So voll und doch so schlank von Bau,
Die Füßchen leicht und klein,
Die Wänglein roth, die Aeuglein blau,
Was kann wohl schöner sein?

Das knappe ländliche Gewand,
Dazu der runde Hut,
Die Zöpfe lang mit breitem Band,
Die stehn ihr gar zu gut.

Im grünen Garten vor dem Haus
Kann sie spazieren gehn;
Die Städter kommen all' heraus,
Das Pastorskind zu sehn.

Da strömt der nie versiechte Born
Der Schmeichelei sobald,
Doch sie lauscht nur dem Jägerhorn,
Das fernher klingt vom Wald.

Der junge Jäger bläst so hell,
Er bläst ihr Liebeslied.
Jetzt tritt er aus dem Walde schnell —
Meint ihr, daß sie ihn sieht?

Er bückt sich voll Verlegenheit;
Sie wird zur Antwort roth.
Wie viel doch ist Verwegenheit
Zu einem Kusse noth!

Ein Pfarrermädchen möcht ich sein,
Wie auf dem Lande sind;
Ach, so ein Pastorstöchterlein
Ist zu ein glücklich Kind!

Lied des Mädchens.

Schaust du mir so innig
In das Aug' hinein,
Sprichst du: ewig bin ich,
Meine Seele, dein,
Muß ich dir erscheinen
Als ein thöricht Blut;
Laß mich dann nur weinen;
Weinen thut so gut.

Fragst du, welch ein Leiden
Mich zu Thränen zwingt:
Kann's die Harfe meiden,
Daß, berührt, sie klingt?
Wie der Geist erscheinen
Muß, der in ihr ruht,
Sieh, so muß ich weinen;
Weinen thut so gut.

Wie dich's zwingt zu dichten,
Ist dein Herz erregt,
Wie dich's muß vernichten,
Was dich so bewegt,
Hauchst du nicht in deinen
Liedern aus die Gluth;
Herz, so muß ich weinen;
Weinen thut so gut.

Daß sich süßer heben
Kann Violenduft,
Muß ein Träufeln beben
Durch die laue Luft;
Wie du gönnst der kleinen
Blum' des Thaues Fluth,
So laß, Herz, mich weinen;
Weinen thut so gut.

Das Lied von der Bernauerin.

„Ich weiß nicht mehr zu rathen,
Zu helfen nicht mehr weiß;
So wolle Gott in Gnaden
Aufnehmen meinen Geist.

„Doch wie ich nun geduldig
Verlieren muß den Leib,
So wahr bin ich unschuldig
Und meines Herren Weib.

Und sagt Herrn Ernstens Schreiben:
Das Badermägdelein,
Das könne leben bleiben,
Woll's seine Schnur nicht sein,

„So sag' ich's doch, und schwören
Will ich's noch tausendmal:
Ich bin in Zucht und Ehren
Herrn Albrechts Eh'gemahl.

Der Frauen höchster Adel
Ist ihre Frauenehr',
Die hab' ich ohne Tadel,
Hat keine Fürstin mehr."

Sie nahm das Ringlein abe,
Das Ringlein war von Gold;
Ihr gab's der edle Knabe,
Der sie nicht lieben sollt'.

„Leb' wohl, der mir ihn geben,
Leb' wohl, mein liebster Knab';
So wohl sollst du mir leben,
Als ich geliebt dich hab'."

Und um des Hemdleins Falten
Ein Tuch herum sie band:
„Sollt' mir das Tuch nicht halten,
Das wär' mir eine Schand'.

„Nun bitt' ich nur zumeisten,
Daß nur das Todtenweib,
Und keines Mann's Erdreisten
Berühre meinen Leib."

Da griff nun so behende
Der grimme Henker dar·
Und schlang um seine Hände
Ihr golden langes Haar;

Und faßte sie darüber
Mit seiner linken Hand,
Und schwang sie hoch hinüber
Ueber der Brücke Rand.

Es wichen rings die Wellen,
Sowie sie fiel darein,
Als wollten sie Gesellen
So schlimmer That nicht sein,

Und trugen, wie auf Armen,
Empor den schönen Leib,
Als hätt' es ihr Erbarmen,
Das arme Fürstenweib.

Da faßte mit der Stange
Der Henker wieder dar,
Und wand darum das lange,
Das reiche gold'ne Haar.

Und tauchte sie mit Schnelle,
Und hielt sie fest darin;
Und traurig zog die Welle
Ueber die Todte hin.

Da kam ihr Herr von Böhmen
Herangesprengt zu Roß,
Daß ihm der Schweiß in Strömen
Am Barte niederfloß.

Er thät mit Thränen fragen,
Zerriß sich sein Gewand.
„Mein Mund soll sie beklagen,
Sie rächen meine Hand!

„Nicht soll dem Alten frommen
Die himmelschrei'nde That;
Weit mehr hat er genommen,
Als er mir geben hat.

„Auf, Fischer, fischt mir eilig
Nach ihrem süßen Leib.
O weh doch um mein heilig
Getreues, reines Weib!

„Nie ward ein Weib geboren
Von fürstlich edler'm Sinn,
Zur Fürstin je erkoren,
Als die Bernauerin.

„Und um solch Weib getragen
Hat Jammer nie ein Mann!
So muß ich um sie klagen,
So lang' ich klagen kann.“

Rosen und Lilien.

Er.

Hab' dich wohl früher schon gekannt;
Einst glichst du einer Frühlingsrosenaue;
Zwar ist es noch das Veilchenaug', das blaue,
Doch deiner Wangen rosig Roth verschwand.

Sie.

Wohl war die Wang' ein Frühlingsrosenbeet,
Eh' in die Ferne mir der Freund entwichen;

Und als der Liebe Rosen still verblichen;
Da hat der Kummer Lilien d'rauf gesät.

Er.

Die Reue wandte deines Gärtners Lauf;
Und keine Mühe soll ihn nun verdrießen;
Gewiß! wenn treue Thränen sie begießen,
Blüh'n rother deine Rosen wieder auf.

Julius und Hannchen.

Ballade.

Draußen im Winterschein
Sitzen zwei Kinderlein,
Möchten vor Frost vergehn,
Weinen und flehn.

Stiefmutter trieb uns fort,
Wissen, ach, keinen Ort!
Außen im Birkenwald
Ist es so kalt!

Sieh' doch! das bleiche Bild —
Ist's nicht die Mutter mild?
Sieh', wie sie thränenreich,
Ach, und so bleich!

Vater hat uns gesagt:
Kinderchen, weint und klagt;
Helf Gott in unsrer Noth,
Mutter ist todt!

Stiefmutter war uns feind,
Haben gar viel geweint;
Aber du lebst ja doch,
Mütterchen, noch!

Aber wie bist du bleich?
Weiß, deinen Rosen gleich,
Die deine Stirn umziehn
Mit Rosmarin, —

Wie in den schwarzen Schrein
Sie dich gelegt hinein
Und an den stillen Ort
Still trugen fort. —

Mutter kehrt nimmermehr!
Klagte der Vater sehr;
Sieh', und dich bringt zurück
Doch unser Glück.

„Mutterlieb' hat nicht Ruh',
Rufet ihr Kind ihr zu;
Mutterlieb' hält nicht ab
Bahrtuch und Grab.

Ach, jede Thrän' mit Schmerz
Brennt auf das Mutterherz
Noch in dem letzten Haus,
Treibt sie heraus."

Mutter, wie schauerlich
Hebt deine Stimme sich,
Wie Todtenglocken bang
Und Grabgesang!

Mutter, es ist so kalt,
Nimm uns doch aus dem Wald,
Nimm uns zu schöner'm Ort,
Mutter, mit fort!

„Trag' euch im schnellen Lauf
Bald zu dem Himmel auf;
Selige Engelein
Sollt ihr dort sein.

Aber der Weg ist weit,
Daß ihr mir rüstig seid,
Ruhet euch erst hier auß',
Kinderchen, aus."

Das ist nicht Schnee am Ranst,
Ist ja ein Bettlein sanft,
Glänzet im Mondenschein
Freundlich und rein.

Julius.

Bald zu des Himmels Höhn
Trägt uns die Mutter schön;
Siehst, wie sie freundlich lacht?
Hannchen, gut' Nacht!

Hannchen.

Hier an des Hügels Ranst
Hat uns ein Bettchen sanft
Mutter zur Ruh gemacht;
Julius, gut' Nacht! —

Schlummern die Kinderlein
Voll süßer Hoffnung ein;
Mutter sie hütet gut
Mit treuer Hut.

Von ihrer Schulter sinkt,
Die nun so rosig blinkt,
Schleier und Grabgewand
Hin auf das Land.

Heimlich im Mondenschein
Schlummern die Kinder ein;
Mutter sie hütet gut
Mit treuer Hut.

Von Schwingen leicht umweht,
Schimmernd ein Engel steht —
Mutter — und küßt die zwei
Geisterlein frei.

Nimmt sie in Mutterarm,
An Mutterbusen warm,
Trägt sie zu schöner'm Ort
Wehlächelnd fort.

Vater im Winterschein
Findet die Kinderlein,
Wange zur Wang' gewandt,
Todt an dem Rand.

Der Ostermorgen.

Der Ostermorgen lächelt,
Ein Bräut'gam, in die Welt;
Er steigt, von Duft gefächelt,
Aus seinem blauen Zelt.

Und rings herum das Schweigen;
Der Wald, er steht so still;
Kein Blümchen sich verneigen,
Kein Läubchen rauschen will.

Im fernen Kirchlein singet
Die fromme Christenschaar;
Hier von den Steinen klinget
Ein Echo wunderbar.

Als wenn aus Bergestiefen
Das Singen quöll' hervor,
Als wenn die Felsen riefen:
„Er lebt! er lebt!“ im Chor.

„Er lebt! er lebt!" da lauſchen
Die Blümlein, beugen ſich,
Da bücket ſich mit Rauſchen
Der Wald ſo feierlich.

Und mächt'ger klingt's und wieder
„Er lebt! er lebt!" vom Stein;
Mir rinnt ein Schauer nieder
Am innerſten Gebein.

Und denk', — und muß mich beugen —
Was dort geſchrieben iſt:
Die Steine werden zeugen
Wenn mich der Menſch vergißt.

Zu ſtille Liebe.

Zwei liebten ſich und wollten ſich's nicht ſagen
Und küßten ſich auf eines Kindes Munde
Und ſahen ſich nur in des Kindes Augen
Und ſprachen ſich nur durch den Mund des Kindes.
Da ſtarb das Kind. Nun konnten ſie nicht küſſen,
Nicht mehr ſich ſehn und auch nicht mehr ſich ſprechen;
Da haben ſie ſich ganz in ſich gezogen
Und immer fremder ſind ſie ſich geworden.
Und haben immer heißer ſich geliebet,
Nach Kuß und Blick geſehnt und ſüßer Rede
Und ſind am End' vor Sehnſucht gar geſtorben.

Bemerkungen
zu den Stücken des Nachlasses.

———

Es sind nur wenige und nicht sehr umfängliche Theile von
Otto Ludwig's literarischem Nachlaß, bei denen sich die Heraus-
geberin der gesammelten Werke, im Einverständniß mit einer An-
zahl von Freunden des verewigten Dichters, zur Veröffentlichung
berufen gefühlt hat. Aber dies Wenige ist in mehr als einem
Sinne bedeutsam und hat auf das Interesse aller Freunde der
Literatur den gerechtesten Anspruch. Der erste der vorliegenden
Bände enthält aus dem Nachlaß: „Das Fräulein von Scuderi",
ein Schauspiel in fünf Aufzügen, das mehrere Jahre vor dem
„Erbförster" entstanden ist, der zweite die beiden dramatischen
Fragmente: „Der Engel von Augsburg" und „Tiberius Gracchus",
die aus den letzten Jahren des Dichters stammen und später geschrieben sind, als Alles, was von ihm bisher in die Oeffentlich-
keit gelangt ist.

Lebhafter und in einem stärkeren Grade, als vielleicht Mancher bei dem Dichter des „Erbförster" erwarten möchte, hat die
Poesie der Romantiker auf die Anfänge seines dichterischen
Schaffens eingewirkt. Zu der Zeit, wo in der deutschen Literatur bereits eine lebhafte Reaction gegen die Romantik begonnen
hatte, sehen wir ihn noch vorwiegend von den Einflüssen derselben bestimmt. Das musikalische Element seiner Begabung —
bekanntlich studirte er längere Zeit Musik — mochte ihn für diese
Einwirkungen besonders empfänglich machen. Später hat die
Kritik das realistische Gefühl, das sich in unserem Dichter mit
höchster Lebendigkeit entwickelte, oft in einseitiger Weise hervor-
gehoben. Wer die poetische, mit den reichsten Kräften der Phantasie ausgestattete Natur desselben genauer kennt, dem wird es
nicht befremdlich erscheinen, daß er in der Jugend seiner Entwick-
lung gegen jene Zauber des romantischen Idealismus nicht unem-
pfindlich blieb. Wenn wir in dem interessanten Bekenntnisse

Ludwig's über die Entstehung seiner poetischen Gedanken lesen, wie ihn zuerst eine musikalische Stimmung überkam, wie ihm diese zur Farbe ward und wie ihm dann aus dem farbigen Lichte die Gestalten der werdenden Dichtung allmälig entgegentraten, wer gedenkt hierbei nicht jener Mysterien der romantischen Phantasie, in denen sich Formen, Farbe und Töne zu einer wundersamen Sprache vermischen? Freilich, während sich die Romantik in diese dunkeln Stimmungen, die geheimnißvollen Ursprünge der dichtenden Phantasie, mit wollüstiger Schwärmerei verlor, und diese chaotischen Träume, diese embryonischen Anfänge der Poesie für die Poesie selbst ausgab, ist es der Gestaltungskraft und sittlichen Energie unsers Dichters in bewunderungswürdiger Weise gelungen, zu scharfer, plastischer Formenbestimmtheit vorzudringen und die traumhaften Spiele der Phantasie mit gediegenem Lebensgehalt zu erfüllen.

Das „Fräulein von Scuderi" gehört noch in die romantische Periode Ludwig's; es ist eine dramatische Bearbeitung der bekannten gleichnamigen Erzählung Amadeus Hoffmann's, dessen seltsame Phantasien auf Ludwig eine besonders starke Anziehungskraft ausübten. Das Bizarre in der Erfindung jener Geschichte erscheint in dem Drama noch gesteigert, das Unheimliche der dort geschilderten, fieberhaft phantastischen Leidenschaft tritt hier in den grellsten und schärfsten Zügen hervor. Die ganze Composition trägt die Merkmale einer noch unreifen, dichterischen Kraft, deren Energie und Tiefe sich aber an einzelnen Stellen in ergreifenden, machtvollen Klängen vernehmen läßt. In der Art der Charakterschilderung sind bereits Vorzüge bemerkbar, die der romantischen Schule völlig fremd geblieben sind, gewisse Feinheiten, in denen sich schon der künftige Meister der psychologischen Darstellung ankündigt.

Den lange mit Hingebung verfolgten Idealen der Romantik vermochte Ludwig bei der tiefen Leidenschaftlichkeit seines ganzen Empfindens gewiß nicht ohne ernste Kämpfe zu entsagen. Doch befreite er sich von ihnen völlig und für immer, und eben jene Leidenschaftlichkeit seiner Natur macht es erklärlich, daß er sich nun mit einem gewissen Trotze zunächst in das entgegengesetzte Extrem warf. Der „Erbförster" enthält in der That einen Protest gegen alles romantisch phantastische Wesen, wie er nicht energischer gedacht werden kann. Einem tiefen und mächtigen Drange nach Wahrheit und naturkräftigem Leben war dieses Werk entsprungen, und die Gewalt und Unmittelbarkeit der Darstellung, die darin herrschen, erwiesen sich von durchschlagender Wirkung. Sein Wahrheitsbedürfniß hatte der Dichter befriedigt, aber seinem poetischen Gefühl war nicht Genüge geschehen. In dem folgenden Drama: „Die Makkabäer" richtete er seine Kraft auf ein erhabneres Ziel und erhob sich in den Hauptscenen dieser Tragödie zu einer Höhe des dichterischen Schwunges, die nur der echtesten, vom Hauche des Genius entzündeten Begeisterung erreichbar ist.

Die novellistischen Erzählungen, die auf dieses Drama folgten, wollte Ludwig stets nur für Nebenarbeiten gelten lassen; und doch war es die eine derselben, „Zwischen Himmel und Erde", die fast einstimmig für sein vorzüglichstes Werk erklärt wurde. Man war überzeugt, daß sich der Charakter seines Talentes, die ganze Eigenthümlichkeit seines Wesens in diesem „Meisterstück realistischer Naturtreue und psychologischer Analyse" am vollkommensten ausgesprochen habe. Die Eiferer des Naturalismus riefen ihm ihren lebhaftesten Beifall zu, lebhafter, als dem Dichter lieb sein konnte; sie ahnten nicht, daß zu derselben Zeit, wo sie ihn öffentlich als den Ihrigen priesen, sein rastloser Geist schon wieder andere und höhere Gebiete betreten hatte und der Kunst geheimnißvollere Bahnen verfolgte. Nur die Wenigen, die seines vertrauten Umganges genossen, konnten wissen, welch' neues Streben ihn jetzt bewegte und alle seine Kräfte in gespannteste Thätigkeit versetzte.

Die Vollbringung sollte ihm leider versagt bleiben. Ein fertiges Werk ist aus dieser tiefsten Krisis seiner dichterischen Natur nicht hervorgegangen. Die einzigen Documente, die von derselben zeugen können, bestehen aus Bruchstücken, Plänen und den umfänglichen Studienheften, in denen sich der Dichter mit einer oft bewunderungswürdigen Schärfe der Reflexion den Inhalt seiner poetischen Absichten zu erläutern strebte.

Aus den letzteren hat der Unterzeichnete in den Preußischen Jahrbüchern (Bd. XXII, Heft 4) mehrere Partien veröffentlicht, die ihm vorzüglich charakteristisch erschienen. Der Dichter übt hier mit jener Wahrhaftigkeit gegen sich selbst, die ein Merkmal des bedeutenden Geistes ist, an seinem ganzen bisherigen Schaffen eine eindringende Kritik. Er giebt sich Rechenschaft über die Gefahren der Richtung, die er zuletzt in seinen novellistischen Arbeiten verfolgte. Durch die Gewöhnung an eine anatomisch zergliedernde Darstellungsweise, auf die ihn das Streben nach dem Charakteristischen führte, fühlt er die Ganzheit seiner Anschauung und seine höheren poetischen Intentionen beeinträchtigt. „Ich habe den Blick zu sehr auf das Kleine geübt und stehe vor einem Charakter wie eine Ameise vor einem Hause." — „Ich strebte die vollständigste Illusion an und wollte doch zugleich der Schönheit genügen. Das ist unmöglich." — „Wer den Sinn überzeugen will, lähmt die Phantasie." — Er sagt sich, daß er mit den Makkabäern schon unbewußt auf dem rechten Wege gewesen, daß er schon hier jene natürliche Mitte getroffen, auf der sich das Ideal und die persönliche Wahrheit versöhnen. „Auf diesem Wege der Makkabäer, von dem ich in den Novellen abgekommen, muß ich fortgehen, d. h. was die ideale Intention betrifft, denn natürlich von den Fehlern des dramatischen Ganges muß ich mich freimachen." Sein ganzes Sinnen und Denken richtet sich von nun an auf das Drama des hohen Stiles, in welchem die Haltung der Charaktere individuell und typisch zugleich, die unmittelbare Sprache der Natur und Leidenschaft dergestalt in eine poetische übersetzt sein soll, daß sie immer noch unmittelbar erscheint, ohne doch pathologisch zu wirken. Die specifisch dramatischen Gesetze und die Eigenthümlichkeit der theatralischen Forderungen macht er zu Gegenständen der gründlichsten Studien und namentlich ist es Shakespeare, an dem er das Gesetz und die Geheimnisse seiner Verwirklichung mit dichterischem Tiefblick erforscht.

Mit einer fast fieberhaften Rastlosigkeit ist zugleich der

schöpferische Drang in ihm thätig; eine Welt der mannig-
faltigsten Gestalten erwächst in seiner Phantasie, Pläne entstehen
auf Pläne; von mehreren wird die Ausführung zu wiederholten
Malen begonnen, das Ausgeführte mit unermüdlichem Fleiße
immer von Neuem umgebildet und durchgearbeitet.

Das eine der beiden, im zweiten Bande mitgetheilten, dramatischen Fragmente aus dieser Zeit, „der Engel von Augsburg,"
behandelt jene rührende Geschichte der Bernauerin, welche die
Gedanken der Dichter so vielfach beschäftigt hat und um deren
poetische Gestaltung auch Ludwig lange Zeit mit besonderer Liebe
bemüht war. In der stilistischen Form zeigt dieses Fragment
noch manche Ungleichheit. Völlig überwunden erscheint jener
Lakonismus, welcher der Darstellungsweise Ludwig's früher so oft
etwas Beklemmendes gab; die Kunst, die er als das Ausfüllen
und Treiben des poetischen Metalles bezeichnet, jene poetische Be-
redtsamkeit, die, indem sie zur Mitleidenschaft hinreißt, zugleich
eine befreiende Wirkung ausübt, zeigt sich an einzelnen Stellen
in der glänzendsten Weise. Hier namentlich werden die befruch-
tenden Einflüsse des Shakespeare'schen Stiles bemerklich, der anderwärts wohl auch mit einem gewissen Zwang, die Ursprüng-
lichkeit des Ausdrucks beschädigend, auf die Darstellung eingewirkt
hat. Was die Gestalt der Heldin betrifft, so ging der Dichter
darauf aus, den Charakter derselben, der historischen Ueberlieferung
entgegen, zu einem schuldvoll tragischen zu machen, indem er ihr
den Zug einer gewissen naiven Lüsternheit lieh, der sie treibt,
das Schicksal gleichsam spielend zu versuchen und herbeizulocken.
Auf tiefsinnigen Intentionen beruht die Charakteranlage des
Herzogs Albrecht und die ergreifende Schilderung seiner, alle
Convenienzen verachtenden Leidenschaft. Lebendig individualisirt
und mit charakteristischen Zügen reich ausgestattet erscheinen die
Nebengestalten; das Stimmungscolorit einzelner Scenen ist in
hohem Grade originell, die Zeitfarbe häufig mit poetischem In-
stinct getroffen, und im Wesentlichen dürfte nur die Structur des
Dramas, soweit sie sich in dem Fragment übersehen läßt, der
Kritik zu Bedenken Veranlassung geben.

Der Stoff des andern Fragmentes, „Tiberius Gracchus", ist schon insofern sehr glücklich gewählt, als derselbe Probleme enthält, die sich mit wichtigen Fragen der Gegenwart nahe berühren. Jener edle, römische Tribun, der begeisterte Anwalt des Volkes und seiner Rechte, gegenüber den Anmaßungen einer stolzen Optimatenpartei, ist in der That dazu angethan, auch in unseren Tagen eine allgemeine und lebhafte Sympathie zu erwecken. Zwar hat es keineswegs in Ludwig's Absicht gelegen, das politische Interesse mit Ausschließlichkeit in den Vordergrund zu stellen; alles eigentlich Tendenziöse war seinem künstlerischen Sinne völlig fremd. Hauptsache war ihm vielmehr, den Charakter des Helden, die inneren Motive seines Handelns und das tragische Geschick, dem er durch die Schuld seiner Natur anheimfällt, in einem poetischen Bild von allgemeiner Bedeutung zu schildern. Leider ist nur der erste Act des Dramas ausgeführt, und zum Theil nur in skizzenhafter Form. Den speciellen Aufgaben einer dramatischen Exposition dürfte derselbe nicht vollkommen gerecht werden; aber er ist reich an Vorzügen allgemein poetischer Art: er enthält Partien, die an Schwung und phantasievoller Eloquenz des Gefühls, an rührender und hinreißender Kraft zu dem Schönsten gehören, was Ludwig gedichtet; in Betreff des poetischen Stiles ist in einzelnen das in der That völlig erreicht, wonach der Dichter strebte.

Zur nähern Charakteristik des Helden und einiger Nebenfiguren heben wir aus den Meditationen Ludwig's, die sich auf dieses Drama beziehen, mehrere Stellen hervor, die zugleich von der Methode, welche der Dichter bei seinen poetischen Arbeiten befolgte, eine Vorstellung zu geben vermögen.

„Tiber, ein weicher, idealistischer, den Uebermannungen durch Mitleid zu offen stehender Charakter, wählt in solcher Uebermannung trotz Warnungen eine Aufgabe, in der er gewaltsam sein, Künste brauchen muß, deren er sich schämt. Umlenken wollend, wenn die Einsicht ihm kommt, wird er durch jene Wallungen immer wieder in das gefährliche Treiben hineingerissen ... Die darzustellende Leidenschaft ist wesentlich die des Mitleides (mit dem Volke.) Der Widerspruch im Helden ist zwischen dem leidenschaftlichen und daher verderblich über das Maß greifenden Mitleid und dem milden Naturell selbst, aus dem es entspringt. Dies Mitleid, von Freunden und Feinden gestachelt, reißt ihn allmälig bis zum verbrecherischen Rütteln an der ihm heiligen Verfassung hin. Im Gewissen an seinen Zielen verzweifelnd, bald umkehren wollend, bald weiter getrieben durch Situation und jene Leidenschaft des Mitleids, bricht er zusammen und erduldet, von den Bürgern verlassen, den Tod, der ihn befreit. Ein durchaus humaner Charakter, in eine Situation gestellt, der angemessen zu handeln eben die Humanität ihn hindert, der darum untergehen muß, wie wir sehen, und der doch eben darum uns gefällt; den wir anders wünschen müssen, als er ist, um unserer Furcht willen, und doch so wünschen müssen, als er ist, um unseres Wohlgefallens willen an ihm. Immer müssen wir uns sagen: er handelt verkehrt; und wieder handelte er anders, er wäre nicht so schön."

„Tiber unternimmt, was auszuführen seiner Natur entgegen. (Contrast: Nasica, der Consul, zeigt eine Natur, die der Aufgabe gewachsen wäre, aber ohne den Willen dazu; hier Können ohne Wollen, dort Wollen ohne Können.) Tiber ist ein Politiker, den das Gemüth bestimmt, nicht der Verstand. Zur Durchführung seines Werkes fehlen ihm der kühle Ueberblick, der sich durch das Einzelne nicht irren läßt, die eigensinnige Consequenz. Er wagt den ersten „Ueberschritt," den Verfassungsbruch, weil er damit die Sache gewonnen, das Volk aus dem Elend und den Staat gerettet glaubt; aber er muß erkennen, daß damit noch nichts gethan, daß er noch am Anfange steht, daß er entweder sein Ziel aufgeben oder den Weg der Gewalt weitergehen muß — ein reicher Quell des Leidens für eine solche Natur. Den letzten Schritt zu thun, der die früheren rechtfertigte und ihn und das Erreichte erhalten könnte, vermag er nicht: er hat nun zu viel gethan und zu wenig und geht an diesem Widerspruche zu Grunde."

„Nasica, der Consul — sein Abstractum von Kälte; auch

er geräth in tiefe, innere Leidenschaft, aber nicht wie Tiber verliert er die Besonnenheit über dem Affekt. In ihm ist die andere Seite der Leidenschaft, die dämonische Gewalt über sich selbst, das sich Zusammenhalten, Verbergen, ja Besiegen des Affektes, wo Vorsicht und Besonnenheit nöthig; nach diesem Stauen und Abdämmen des Affektes, wo er Tiber eiskalt reizte, um so heftiger hervorbrechend die wilde Freude über das Gelingen … Tiber soll nicht zum Märtyrer werden, das möchte eine Auf= regung hervorbringen, die ein Klügerer benutzen könnte. Gar mancher Gedanke wuchs siegend auf erst mit dem Blute seines Urhebers gedüngt. Nasica will ihn zunächst zu Etwas treiben, was die Lälier und seine übrigen Freunde von ihm loslöst. An seiner Kälte soll sich Tibers weiche und warme Natur bis zum Verschäumen erhitzen. — Nasica ist nicht gesprächig, seine Rede hat etwas befehlend Kurzes, Witz nur im Sarkasmus; der Con= trast Tibers, der voll Suada u. s. w."

„Octavius, der Mittribun; auch er römisch=lakonisch, voll Freundschaft für Tiber, aber dies mehr nach einem abstracten, kühlen Ideal; er hat mehr Kopf und Gedanken, als Herzens= wärme, sein Ausdruck ist mehr rhetorisch, als poetisch."

„Der erste Bürger (Strabo) hat bei naiver Selbstsucht und treuherziger Pfiffigkeit in Benutzung von Tibers schwachen Seiten doch ein gemüthliches Verhältniß zu Tiber und ist die eigentliche Seele und der Mund des Volkes."

„Saturejus — im Gegensatz zu Tiber: der schlechte Demagog. Erst wie Tiber ein Mann der Zukunft, nestelt er sich an ihn, er erkennt seine „Thorheit" und benutzt sie. Er hetzt, so lang es gut geht und will noch einmal über ihn hinaus, durch seine Klugheit ihn übervortheilend. Wie es schlecht geht, ist er geneigt, der Optimaten Auftrag zu vollziehen, nur daß denen nicht zu trauen und Tiber ihm imponirt, was er selbst nicht begreift. Wie Tiber, „der Tugendnarr," so weit gedrängt ist, daß er zu Mitteln greift, die ihn äußerlich zu dem Demagogen auf gleiches Niveau bringen, fängt er in Schadenfreude fast an, ihn zu lieben und wird ungenirter gegen ihn. Er will das Volk

rufen in Tibers Namen, um durch dasselbe zu dem Ziele zu ge=
langen, das ja nun auch Tibers. Er hat Recht, wenn er auf
deſſen Weigern, weiter zu gehen, ſagt: Geh' weit, ſo biſt Du
nicht zu weit gegangen. Haſt Du im Traum nach der Krone
gegriffen? So halte ſie jetzt feſt, zieh' die Hand nicht erſchrocken
zurück, wenn Du wach geworden biſt.«

„... Tiber, eine echte Jünglingsnatur, voller Ideale, mit
allen ſchönen Jünglingseigenſchaften, namentlich mit den ſanften
Neigungen des Jünglingsalters geziert, ein Gemüthsmenſch voll
tiefen, warmen, ſittlich=äſthetiſchen Gefühls, edel, ſanft, nachge=
bend, aber des ſtärkſten Affektes, der Leidenſchaft und des Rigo=
rismus fähig, wenn eine ſeiner edeln Natur entgegengeſetzte Vor=
ſtellung an ihn kommt. Octavius dagegen, ſein Altersgenoſſe,
von kühlem Temperament, den Umſtänden Rechnung tragend, nicht
ſo weich, und deshalb weniger rigoriſtiſch. — Das Volk über=
ſchätzt Tiber, er thut mit ihm, was jede Liebe mit ihrem Ge=
genſtande thut, ſieht Tugenden, die er nicht hat und verblendet
ſich gegen ſeine Fehler und glaubt ihn jeder Veredelung fähig.
Nun wird dieſe Liebe durch Mitleid und die kalte Hemmung der
gemeinen Selbſtſucht geſchwellt bis zum Ueberſchritt; er weiſt den
unbequemen Verſtand, der retten will, in den Läliern von ſich.
Später fühlt er den Vortheil der Kälte und will die Gegner
mit ihren eignen Waffen ſchlagen; aber dieſe Kälte iſt immer
nur maskirter Affekt. Aus Nothwehr und in dem Trotz, ſein
Ideal durchſetzen zu wollen, greift er nach Mitteln, die ihn als
herrſchſüchtigen Demagogen erſcheinen laſſen. Da öffnet ihm
Octavius die Augen. Er, der Altrom wiederherſtellen wollte, iſt
faktiſch König — nur der Name fehlt — und Rom hin, denn
ſeine Verfaſſung und Freiheit waren Rom. Prophezeiung, wenn
er ſo weiter ſich fortreißen laſſe, werde er bald an einem Punkt
ankommen, wo er mit Ehre nicht ſtehen bleiben und ohne
Schande nicht mehr zurück könne. Er wehrt ſich dagegen und will
ſein Ziel noch für erreichbar halten, aber die Wahrheit hat ihn
tief getroffen. Daher ſeine „lahme" Rede in der Wahlver=
ſammlung. Und nun muß er ſehen, er ſteht bereits an jenem

Punkte. Octavius, Du hatteſt Recht! Aber Saturejus: Nur
dann gingſt Du zu weit, wenn Du nicht weiter gehſt. Der ſan=
guiniſche Jünglingstraum der Wiederherſtellung Altroms iſt ver=
weht. Er kann nicht weiter — nämlich die Krone ergreifen und
ſein Ideal von Rom gänzlich vernichten — nicht ſtehen bleiben;
aber ein dritter Weg bleibt ihm, den Octavius nicht geſehen: mit
Ehren, d. h. zu Roms Rettung und Beſtem zu ſterben. Dieſen
geht er.“

„Auf die Weichheit Tibers und den Jünglingsrigorismus,
der ſtolz auf die „feige, halbe“ Weisheit des Mannesalters und
der greiſen Erfahrung herabſieht, im Glühen von ſeinem Ideal
keinem Umſtande Rechnung trägt und ſich dem Affekt und der
Leidenſchaft hingibt, weil ſie ſchön und ſittlich (nämlich im Aus=
gangspunkt und im Haſſe der Gemeinheit), wendet ſich die Kri=
tik im Drama ſelbſt, nur durch die verſchiedne innere Situation
der kritiſirenden Perſonen verſchieden gefärbt: in den Läliern
ſchmerzlich ſorgend, warnend, liebevoll mißbilligend, im Volke be=
wundernd und zugleich pfiffig die Schwäche markirend, an der
ſie ihn zu faſſen wiſſen, in Naſica mit der Schadenfreude des
Haſſes und der Ueberlegenheit des Verſtandes.“

„Der Rigorismus Tibers geht aus der Leidenſchaft des wei=
chen Gemüthes für ſeine Ideale hervor, trägt alſo des Gemüthes
Stempel. Liebe im weiteſten Sinn iſt ſeine Natur und ſein
Charakter — zu leidenſchaftliche Liebe (das macht ſie tragiſch)
— Liebe, die eben aus ihrer weichen Fülle heraus gewaltſam
wird, an den Hinderniſſen nur heftiger entbrennt; und nun alle
Töne, deren dieſe Liebe fähig iſt, der Uebergang in Affekte, die
der Liebe an ſich unähnlich, doch als aus ihr entſprungen, von
ihrem Weſen auch im Ausdruck modificirt erſcheinen müſſen: Der
Trotz, der Haß, der Zorn der Liebe. — So nur, wenn wir
ſehen, daß ſelbſt ſein Haß ein Haß aus Mitleid iſt, wenn wir
keine ſeiner Aktionen auf die Rechnung natürlichen Heroismus
oder ſonſt einer Eigenſchaft, die nicht mit der Sympathie zuſam=
menfällt, ſetzen können, ſondern alle auf die der Sympathie und
ihrer mächtigen Gewalt in dieſer Liebesnatur, wenn wir ſehen, wie

er unter dem Gewaltsamen, das er thut, mehr leidet, als die, denen er es thut, ja, an der Gewaltsamkeit selbst, wird er derjenige, der er sein, und macht den Eindruck, den er machen soll."

„Der Rigorismus der Liebe und die Weichheit seines Gemüthes machen ihn für die praktische Lösung seiner Aufgabe unfähig. Immer sieht man, daß die Liebesnatur, die ihm diese Aufgabe stellt, eine andre Bestimmung hat und nicht geschaffen ist, dergleichen durchzuführen. Immer bleibt das vor Augen, wenn er seinen Affekt nicht bändigen kann und durch diesen zu verkehrten, verzweifelten Maßregeln und durch die Folgen derselben in Haß getrieben, durch und gegen seine Natur hingerissen, bis zu dem verhängnißvollen Momente fortstürmt, wo er err. achend stehen bleibt. Aber immer auch wird er in dieser Unangemessenheit schön bleiben und die Sympathie des Betrachters gewinnen und erhalten."

„Dramatisch-charakteristische Theilzüge an Tiber: Sieht er den Affekt kommen, so sucht er ihn zu bekämpfen, er nimmt sich vor, ruhig zu sein, sich nicht selbst zu fangen, die Gegner wo möglich mit ihren eigenen Waffen zu schlagen. Aber wenn er meint, ruhig zu sein, wie Nasica, so ist dies ein Irrthum, und sein „ich bin kalt" mit Umschreibung muß jedem Zuschauer sagen: „ich bin es nicht." Die Steigerung in der Regel kurz, d. h. die von außen; das Schmähen auf das Volk schlägt durch und die andere größere Hälfte der Steigerung übernimmt er selbst; Nasica oder das Volk schweigt dann oder hat nur einzelne kleine Zwischenwerfer; sein Affekt erhitzt sich vollends aus sich selbst, er redet sich in Mitleid mit dem Volk und Zorn gegen dessen Dränger vollends hinein, aus dem heraus er dann handelt."

„Er ist nicht immer in Affekt, aber in Affektnähe. Seine Rolle ein fortwährendes Wiederherstellen der Güte und Sanftheit, des Glaubens an die Menschen und an die Existenz des Guten und Schönen, und ein desto stärkeres Wiederaufgeregtwerden durch die Widersprüche der Welt. Der Sanguinismus der Liebe mit seinem ewig neuen Hoffen und Vertrauen."

Diese edle und schöne Gestalt war es, mit welcher sich in liebevoller Begeisterung die letzten Gedanken des Dichters beschäftigten. Nur kurze Zeit vor seinem Ende hatte er die Dichtung begonnen, und die rührenden Worte Tibers in der Abschiedsscene gemahnen uns wie ein Scheidegesang des Dichters selbst, über dem schon der Schatten des Todes lag, als er sie schrieb. Wie viel Schönes war von der Ausführung dieses Werkes zu hoffen! An Bedeutsamkeit und Originalität des tragischen Pro-

blems übertraf der Plan desselben alle sonstigen Entwürfe Lud=
wigs, und in dem Hauptcharakter war eine Gestalt gefunden, in
deren Durchführung sich die edelsten Seiten seines Talentes, die
ganze Innigkeit und Tiefe seiner Empfindung, der volle Schwung
seiner Phantasie hätten entfalten können, eine Gestalt, deren
vollendete Darstellung vielleicht mehr von dem eigenen Gemüths=
leben des Schöpfers verrathen hätte, als jede andere seiner frühe=
ren Dichtungen.

Eine reiche Welt poetischer Gedanken, die in ihm nach Da=
sein verlangte, blieb unausgesprochen oder doch ohne vollständige
künstlerische Verwirklichung. War es diese Ueberfülle selbst,
welche die Arbeit des Dichters hemmte, die Leidenschaftlichkeit
seiner Einbildungskraft, die ihn zur Zeit der produktiven Erre=
gung die stetige, für die künstlerische Arbeit erforderliche Ruhe
nicht schnell genug finden ließ, war es, bei kühlerer Stimmung,
die übergroße Gewissenhaftigkeit der kritischen Reflexion, welche
störend auf seine schöpferische Thätigkeit einwirkte, jedenfalls lag
während der letzten Jahre der hauptsächliche Grund solcher Hem=
mungen in der Krankheit Ludwigs, die ihn oft wochen= und
monatelang auf das Siechbett warf und seine poetische Kraft
zuletzt nur in kurzen Pausen aufathmen ließ. Mit Trauer blicken
wir auf all die unvollendet gebliebene Arbeit dieses reichen Geistes,
mit erhobenem Gefühl auf die Größe und Reinheit seines künst=
lerischen Strebens. Wenn uns versagt ist, die Verwirklichung
seiner letzten Absichten zu bewundern, so bleibt uns doch, diese
selbst zu verehren. Die mitgetheilten Fragmente, die von den=
selben eine Anschauung zu geben vermögen, sollen das Bild von
Ludwigs dichterischem Charakter vervollständigen helfen, und die
Literaturgeschichte wird bei der Schilderung desselben sie berück=
sichtigen müssen. Den Freunden des Dichters werden sie ein
theures, dankbar begrüßtes Vermächtniß sein, ihre Pietät wird
neben dem Werth des Geleisteten die Größe und Schönheit des
Gewollten am besten würdigen können. Neu aufstrebenden
Talenten aber, glücklicheren Dichtern sei der Gedanke dieser frag=
mentarischen Werke ein Führer in jene erhabenen Gebiete der
Kunst, in denen die Zukunft des Dramas zu suchen ist. —

Leipzig, im Januar 1870.

Dr. Hermann Lücke.

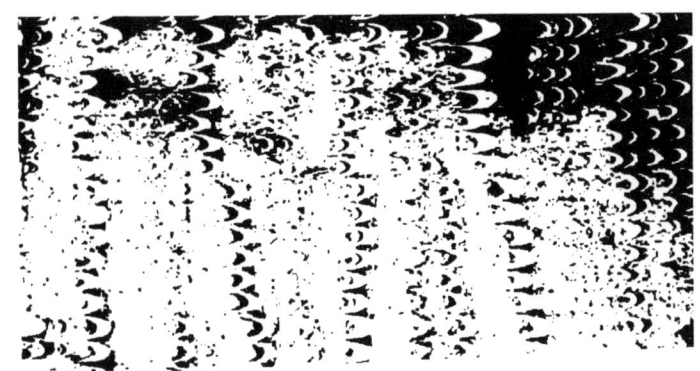